Wirtschaftsprüferordnung

Impressum

© GROELSV – Verlag, Hans-Much-Weg 14, 20249 Hamburg, Telefon: 040/ 32030598; - Redaktion GROELSV

Wir sind bemüht, ein ansprechendes Produkt zu gestalten, dass vernünftigen Ansprüchen an das Preis/Leistungsverhältnis gerecht wird. Buchbewertungen, z. B. über den Distributor Amazon sind ausdrücklich erwünscht. Konstruktive Anregungen nutzen wir gerne, um künftige Auflagen zu ergänzen und anzupassen.

Die Rechte am Werk, insbesondere für die Zusammenstellung, die Cover- und weitere Gestaltung liegen beim Verlag. Trotz sorgfältigster Bearbeitung und Qualitätskontrolle können Übertragungsfehler und technische Fehler nicht letztgültig ausgeschlossen werden. Fachanwaltliche Beratung wird durch die Konsultation einer Rechtssammlung nicht ersetzt.

Inhaltsverzeichnis

Gesetz über eine Berufsordnung der Wirtschaftsprüfer

-

WiPrO

Ausfertigungsdatum: 24.07.1961

"Wirtschaftsprüferordnung in der Fassung der Bekanntmachung vom 5. November 1975 (BGBl. I S. 2803), das zuletzt durch Artikel 19 des Gesetzes vom 31. August 2013 (BGBl. I S. 3533) geändert worden ist"

Stand: Neugefasst durch Bek. v. 5.11.1975 I 2803;

                 zuletzt geändert durch Art. 19 G v. 31.8.2013 I 3533

Erster Teil
Allgemeine Vorschriften

-

§ 1 Wirtschaftsprüfer und Wirtschaftsprüfungsgesellschaften

(1) Wirtschaftsprüfer oder Wirtschaftsprüferinnen (Berufsangehörige) sind Personen, die als solche öffentlich bestellt sind. Die Bestellung setzt den Nachweis der persönlichen und fachlichen Eignung im Zulassungs- und staatlichen Prüfungsverfahren voraus.
(2) Der Wirtschaftsprüfer übt einen freien Beruf aus. Seine Tätigkeit ist kein Gewerbe.
(3) Wirtschaftsprüfungsgesellschaften bedürfen der Anerkennung. Die Anerkennung setzt den Nachweis voraus, daß die Gesellschaft von Wirtschaftsprüfern verantwortlich geführt wird.

-

§ 2 Inhalt der Tätigkeit

(1) Wirtschaftsprüfer haben die berufliche Aufgabe, betriebswirtschaftliche Prüfungen, insbesondere solche von Jahresabschlüssen wirtschaftlicher Unternehmen, durchzuführen und Bestätigungsvermerke über die Vornahme und das Ergebnis solcher Prüfungen zu erteilen.
(2) Wirtschaftsprüfer sind befugt, ihre Auftraggeber in steuerlichen Angelegenheiten nach Maßgabe der bestehenden Vorschriften zu beraten und zu vertreten.
(3) Wirtschaftsprüfer sind weiter befugt

1.

   unter Berufung auf ihren Berufseid auf den Gebieten der wirtschaftlichen Betriebsführung als Sachverständige aufzutreten;
2.

   in wirtschaftlichen Angelegenheiten zu beraten und fremde Interessen zu wahren;
3.

   zur treuhänderischen Verwaltung.

-

§ 3 Berufliche Niederlassung

(1) Berufsangehörige müssen unmittelbar nach der Bestellung eine berufliche Niederlassung begründen und eine solche unterhalten; wird die Niederlassung in einem Staat begründet, der nicht Mitgliedstaat der Europäischen Union oder Vertragsstaat des Abkommens über den europäischen Wirtschaftsraum (Drittstaat) oder die Schweiz ist, muss eine zustellungsfähige Anschrift im Inland unterhalten werden. Berufliche Niederlassung eines selbständigen Wirtschaftsprüfers ist die eigene Praxis, von der aus er seinen Beruf überwiegend ausübt. Als berufliche Niederlassung eines ausschließlich nach § 43a Abs. 1 angestellten Wirtschaftsprüfers gilt die Niederlassung, von der aus er seinen Beruf überwiegend ausübt.

4

(2) Bei Wirtschaftsprüfungsgesellschaften ist Sitz der Hauptniederlassung der Sitz der Gesellschaft.

(3) Wirtschaftsprüfer und Wirtschaftsprüfungsgesellschaften dürfen Zweigniederlassungen nach den Vorschriften dieses Gesetzes begründen.

‐

§ 4 Wirtschaftsprüferkammer

(1) Zur Erfüllung der beruflichen Selbstverwaltungsaufgaben wird eine Kammer der Wirtschaftsprüfer gebildet; diese wird bei der Prüfung und der Eignungsprüfung, der Bestellung, der Anerkennung, dem Widerruf und der Registrierung, der Berufsaufsicht und der Qualitätskontrolle sowie bei dem Erlass von Berufsausübungsregelungen (§ 57 Abs. 3, § 57c) in mittelbarer Staatsverwaltung tätig. Sie führt die Bezeichnung "Wirtschaftsprüferkammer".

(2) Die Wirtschaftsprüferkammer ist eine Körperschaft des öffentlichen Rechts. Ihr Sitz bestimmt sich nach ihrer Satzung.

(3) Die Wirtschaftsprüferkammer kann Landesgeschäftsstellen errichten.

‐

§ 4a Verfahren über eine einheitliche Stelle

Die Verwaltungsverfahren in öffentlich-rechtlichen und berufsrechtlichen Angelegenheiten, die in diesem Gesetz oder in einer auf Grund dieses Gesetzes erlassenen Rechtsverordnung geregelt werden, können über eine einheitliche Stelle nach den Vorschriften des Verwaltungsverfahrensgesetzes abgewickelt werden.

‐

§ 4b Frist für den Erlass von Verwaltungsakten

Über Anträge auf Erteilung eines Verwaltungsaktes durch die Wirtschaftsprüferkammer ist innerhalb einer Frist von drei Monaten zu entscheiden, soweit keine kürzere Frist vorgesehen ist; § 42a Absatz 2 Satz 2 bis 4 des Verwaltungsverfahrensgesetzes gilt entsprechend. In den Fällen des § 16a und des § 20a beginnt die Frist erst mit der Vorlage des ärztlichen Gutachtens.

Zweiter Teil
Voraussetzung für die Berufsausübung

Erster Abschnitt
Zulassung zur Prüfung

‐

§ 5 Prüfungsstelle, Rechtsschutz

(1) Die Wirtschaftsprüferkammer richtet zur Erfüllung der ihr nach dem Zweiten und Neunten Teil dieses Gesetzes obliegenden Aufgaben für das Zulassungs- und staatliche

Prüfungsverfahren eine "Prüfungsstelle für das Wirtschaftsprüfungsexamen bei der Wirtschaftsprüferkammer" (Prüfungsstelle) ein.

(2) Die Prüfungsstelle ist eine selbstständige Verwaltungseinheit bei der Wirtschaftsprüferkammer. Die Prüfungsstelle wird von einer Person geleitet, welche die Befähigung zum Richteramt haben muss (Leitung der Prüfungsstelle). Die Prüfungsstelle ist bei der Erfüllung ihrer Aufgaben an Weisungen nicht gebunden.

(3) Die Prüfungsstelle kann bei der Durchführung ihrer Aufgaben die Landesgeschäftsstellen der Wirtschaftsprüferkammer einbeziehen.

(4) Die Prüfungsstelle unterstützt die Aufgabenkommission, die Prüfungskommission und die Widerspruchskommission.

(5) Über den Widerspruch gegen Bescheide, die im Rahmen des Zulassungs- und Prüfungsverfahrens erlassen worden sind, entscheidet die Widerspruchskommission.

-

§ 6 Verbindliche Auskunft

Auf Antrag erteilt die Prüfungsstelle eine verbindliche Auskunft über die Erfüllung einzelner Voraussetzungen für die Zulassung zur Prüfung, für die Befreiung von Zulassungsvoraussetzungen und für die Anrechnung von Prüfungsleistungen.

-

§ 7 Antrag auf Zulassung zur Prüfung

Der Antrag auf Zulassung zur Prüfung ist in schriftlicher Form an die Prüfungsstelle zu richten.

-

§ 8 Voraussetzungen für die Zulassung (Vorbildung)

(1) Die Zulassung setzt den Nachweis einer abgeschlossenen Hochschulausbildung voraus.

(2) Auf den Nachweis einer abgeschlossenen Hochschulausbildung kann verzichtet werden, wenn die Bewerbenden

1.
    sich in mindestens zehnjähriger Tätigkeit als Beschäftigte bei Berufsangehörigen, einer Wirtschaftsprüfungsgesellschaft, vereidigten Buchprüfern oder vereidigten Buchprüferinnen, einer Buchprüfungsgesellschaft, einem genossenschaftlichen Prüfungsverband oder der Prüfungsstelle eines Sparkassen- und Giroverbandes oder einer überörtlichen Prüfungseinrichtung für Körperschaften und Anstalten des öffentlichen Rechts bewährt haben;

2.
    mindestens fünf Jahre den Beruf als vereidigter Buchprüfer oder vereidigte Buchprüferin oder als Steuerberater oder Steuerberaterin ausgeübt haben.

(3) Wurde die Hochschulausbildung außerhalb des Geltungsbereiches dieses Gesetzes abgeschlossen, so muss das Abschlusszeugnis gleichwertig sein.

-

§ 8a Anerkannte Hochschulausbildungsgänge, Rechtsverordnung

(1) Hochschulausbildungsgänge,

1.
    die alle Wissensgebiete nach § 4 der Wirtschaftsprüferprüfungsverordnung umfassen,

2.
    die mit einer Hochschulprüfung oder einer staatlichen Prüfung abschließen und

3.
    in denen Prüfungen einzelner Wissensgebiete, für die ein Leistungsnachweis ausgestellt wird, in Inhalt, Form und Umfang einer Prüfung im Wirtschaftsprüfungsexamen entsprechen,

können auf Antrag der Hochschule von der in der Rechtsverordnung nach Absatz 3 bestimmten Stelle als zur Ausbildung von Berufsangehörigen besonders geeignet anerkannt werden.

(2) Leistungsnachweise, die in Prüfungen nach Absatz 1 Nr. 3 erbracht wurden, ersetzen die entsprechenden Prüfungen im Wirtschaftsprüfungsexamen. Die Leistungsnachweise sind der Prüfungsstelle vorzulegen.

(3) Das Bundesministerium für Wirtschaft und Technologie bestimmt durch Rechtsverordnung mit Zustimmung des Bundesrates die für die Anerkennung zuständige Stelle. In der Rechtsverordnung kann es ferner

1.
    die Voraussetzungen der Anerkennung näher bestimmen, insbesondere das Verfahren zur Feststellung, ob Wissensgebiete des Hochschulausbildungsgangs denen nach § 4 der Wirtschaftsprüferprüfungsverordnung entsprechen,

2.
    Einzelheiten des Anerkennungsverfahrens, insbesondere die dem Antrag beizufügenden Unterlagen, und die Bekanntmachung der Anerkennung regeln sowie

3.
    die Voraussetzungen der frühzeitigen Zulassung zur Prüfung nach § 9 Abs. 6 Satz 2, insbesondere die dem Antrag beizufügenden Unterlagen, bestimmen.

-

§ 9 Voraussetzungen für die Zulassung (Prüfungstätigkeit)

(1) Die Zulassung setzt eine für die Ausübung des Berufes genügende praktische Ausbildung (Tätigkeit) voraus. Bewerbende mit abgeschlossener Hochschulausbildung haben eine wenigstens dreijährige Tätigkeit bei einer in § 8 Abs. 2 Nr. 1 genannten Stelle nachzuweisen. Beträgt die Regelstudienzeit der Hochschulausbildung weniger als acht Semester, verlängert sich die Tätigkeit auf vier Jahre; eine darüber hinausgehende Tätigkeit wird nicht gefordert. Die Tätigkeit muss nach Erwerb des ersten berufsqualifizierenden Hochschulabschlusses erbracht werden; Absatz 6 Satz 2 bleibt unberührt.

(2) Von ihrer gesamten Tätigkeit müssen die Bewerbenden wenigstens während der Dauer zweier Jahre überwiegend an Abschlussprüfungen teilgenommen und bei der Abfassung der Prüfungsberichte mitgewirkt haben (Prüfungstätigkeit). Sie sollen während dieser Zeit insbesondere an gesetzlich vorgeschriebenen Abschlussprüfungen teilgenommen und an der Abfassung der Prüfungsberichte hierüber mitgewirkt haben. Die Prüfungstätigkeit

muss

1.
    im Falle des § 8 Abs. 2 Nr. 1 nach dem fünften Jahr der Mitarbeit abgeleistet werden;

2.
    im Falle des § 8 Abs. 2 Nr. 2 während oder nach der beruflichen Tätigkeit als vereidigter Buchprüfer oder vereidigte Buchprüferin oder als Steuerberater oder Steuerberaterin abgeleistet werden.

Das Erfordernis der Prüfungstätigkeit ist erfüllt, wenn die Bewerbenden nachweislich in fremden Unternehmen materielle Buch- und Bilanzprüfungen nach betriebswirtschaftlichen Grundsätzen durchgeführt haben. Als fremd gilt ein Unternehmen, mit dem die Bewerbenden weder in einem Leitungs- noch in einem Anstellungsverhältnis stehen oder gestanden haben.

(3) Die Prüfungstätigkeit muss in Mitarbeit bei Berufsangehörigen, einer Wirtschaftsprüfungsgesellschaft, vereidigten Buchprüfern oder vereidigten Buchprüferinnen, einer Buchprüfungsgesellschaft, einem genossenschaftlichen Prüfungsverband, einer Prüfungsstelle eines Sparkassen- und Giroverbandes oder einer überörtlichen Prüfungseinrichtung für Körperschaften und Anstalten des öffentlichen Rechts, in denen ein Berufsangehöriger tätig ist, ausgeübt worden sein.

(4) Der Nachweis der Tätigkeit wie auch der Prüfungstätigkeit entfällt für Bewerbende, die seit mindestens 15 Jahren den Beruf als Steuerberater oder Steuerberaterin oder als vereidigter Buchprüfer oder vereidigte Buchprüferin ausgeübt haben; dabei sind bis zu zehn Jahre Berufstätigkeit als Steuerbevollmächtigter oder Steuerbevollmächtigte anzurechnen.

(5) Eine Revisorentätigkeit in größeren Unternehmen oder eine Tätigkeit als Steuerberater oder Steuerberaterin oder in einem Prüfungsverband nach § 26 Abs. 2 des Kreditwesengesetzes oder eine mit der Prüfungstätigkeit in Zusammenhang stehende Tätigkeit bei der Wirtschaftsprüferkammer oder bei einer Personenvereinigung nach § 43a Abs. 4 Nr. 4 kann bis zur Höchstdauer von einem Jahr auf die Tätigkeit nach Absatz 1 angerechnet werden. Dasselbe gilt für prüfende Personen im öffentlichen Dienst, sofern sie nachweislich selbstständig Prüfungen von größeren Betrieben durchgeführt haben. Eine Tätigkeit im Ausland ist auf die Tätigkeit nach Absatz 1 anzurechnen, wenn sie bei einer Person, die in dem ausländischen Staat als sachverständiger Prüfer ermächtigt oder bestellt ist, abgeleistet wurde und wenn die Voraussetzungen für die Ermächtigung oder Bestellung den Vorschriften dieses Gesetzes im Wesentlichen entsprechen.

(6) Eine Tätigkeit im Sinne des Absatzes 1, die im Rahmen eines nach § 8a anerkannten Hochschulausbildungsgangs nachgewiesen wird, kann bis zu einer Höchstdauer von einem Jahr auf die Tätigkeit nach Absatz 1 angerechnet werden. Zudem kann die Zulassung zur Prüfung abweichend von Absatz 1 bereits zu einem früheren Zeitpunkt erfolgen.

-

§§ 10, 10a und 11 (weggefallen)

-

§ 11a

(weggefallen)

8

Zweiter Abschnitt
Prüfung

§ 12 Prüfungskommission und Gliederung der Prüfung

(1) Die Prüfung wird vor der Prüfungskommission abgelegt.

(2) Die Prüfung gliedert sich in eine schriftliche und eine mündliche Prüfung.

(3) An alle Bewerber sind ohne Rücksicht auf ihren beruflichen Werdegang gleiche Anforderungen zu stellen.

§ 13 Verkürzte Prüfung für Steuerberater

Steuerberater und Bewerber, die die Prüfung als Steuerberater bestanden haben, können die Prüfung in verkürzter Form ablegen. Bei der Prüfung in verkürzter Form entfällt die schriftliche und mündliche Prüfung im Steuerrecht.

§ 13a Verkürzte Prüfung für vereidigte Buchprüfer

(1) Vereidigte Buchprüfer und vereidigte Buchprüferinnen können die Prüfung in verkürzter Form ablegen. Bei der Prüfung in verkürzter Form entfällt für vereidigte Buchprüfer und vereidigte Buchprüferinnen, die Steuerberater oder Steuerberaterinnen sind, die schriftliche und mündliche Prüfung im Steuerrecht, in Angewandter Betriebswirtschaftslehre und Volkswirtschaftslehre, für vereidigte Buchprüfer und vereidigte Buchprüferinnen, die Rechtsanwälte oder Rechtsanwältinnen sind, im Wirtschaftsrecht, in Angewandter Betriebswirtschaftslehre und Volkswirtschaftslehre.

(2) Anträge auf Zulassung zur verkürzten Prüfung, die nicht für eine Wiederholungsprüfung gestellt werden, müssen bis spätestens 31. Dezember 2007 formgerecht eingereicht werden. Die Prüfungen müssen bis spätestens 31. Dezember 2009 abgelegt sein. Dieselbe Frist gilt für die den Prüfungen nachfolgenden Rücktrittsfolge- und Wiederholungsprüfungen nach den §§ 21, 22, 32 und 33 der Wirtschaftsprüferprüfungsverordnung; nach Ablauf der Frist nach Satz 2 besteht kein Anspruch mehr auf deren Durchführung.

§ 13b Verkürzte Prüfung nach Anrechnung gleichwertiger Prüfungsleistungen, Rechtsverordnung

Prüfungsleistungen, die im Rahmen einer Hochschulausbildung erbracht werden, werden angerechnet, wenn ihre Gleichwertigkeit in Inhalt, Form und Umfang mit den in § 4 der Wirtschaftsprüferprüfungsverordnung aufgeführten Anforderungen der Prüfungsgebiete Angewandte Betriebswirtschaftslehre, Volkswirtschaftslehre oder Wirtschaftsrecht im Zulassungsverfahren durch die Prüfungsstelle festgestellt wird. Bei der Prüfung in verkürzter Form entfällt die schriftliche und mündliche Prüfung in dem entsprechenden Prüfungsgebiet. Das Bundesministerium für Wirtschaft und Technologie wird ermächtigt,

9

durch Rechtsverordnung mit Zustimmung des Bundesrates die inhaltlichen und formalen Voraussetzungen für die Feststellung der Gleichwertigkeit und das Verfahren festzulegen.

-

§ 14 Einzelheiten des Prüfungsverfahrens

Das Bundesministerium für Wirtschaft und Technologie regelt durch Rechtsverordnung

1.

die Einrichtung der Prüfungskommission, der Aufgabenkommission und der Widerspruchskommission, in denen jeweils eine Person, die eine für die Wirtschaft zuständige oder eine andere oberste Landesbehörde vertritt, den Vorsitz hat, die Zusammensetzung und die Berufung ihrer Mitglieder;

2.

die Einzelheiten der Prüfungsaufgabenfindung, der Prüfung und des Prüfungsverfahrens, insbesondere die dem Antrag auf Zulassung zur Prüfung beizufügenden Unterlagen, und die Prüfungsgebiete;

3.

die schriftliche und mündliche Prüfung, Rücktritt und Ausschluss von der Prüfung, Prüfungsergebnis, Ergänzungsprüfung, Wiederholung der Prüfung und die Mitteilung des Prüfungsergebnisses.

Die Rechtsverordnung bedarf nicht der Zustimmung des Bundesrates.

-

§ 14a Zulassungsgebühr, Prüfungsgebühr

Für alle Zulassungs- und Prüfungsverfahren und für erfolglose Widerspruchsverfahren sind Gebühren an die Wirtschaftsprüferkammer zu zahlen; die Wirtschaftsprüferkammer kann die Erhebung der Gebühren sowie deren Höhe und Fälligkeit bestimmen. Näheres regelt die Gebührenordnung der Wirtschaftsprüferkammer (§ 61 Abs. 2).

Fußnote

(+++ § 14a: Zur Anwendung vgl. § 135 (F 2003-12-01) +++)

-

§§ 14b und 14c (weggefallen)

Dritter Abschnitt
Bestellung

-

§ 15 Bestellungsbehörde und Gebühren

Nach bestandener Prüfung wird der Bewerber auf Antrag durch Aushändigung einer von der Wirtschaftsprüferkammer ausgestellten Urkunde als Wirtschaftsprüfer bestellt. Zuständig ist die Wirtschaftsprüferkammer. Wird der Antrag auf Bestellung als

Wirtschaftsprüfer nicht innerhalb von fünf Jahren nach bestandener Prüfung gestellt, so finden auf die Bestellung die Vorschriften des § 23 Abs. 2 und 3 entsprechende Anwendung. Wer gemäß § 9 Abs. 6 Satz 2 zugelassen wurde, hat vor der Bestellung den Nachweis der insgesamt dreijährigen Tätigkeit nach § 9 Abs. 1, einschließlich der Prüfungstätigkeit nach § 9 Abs. 2, vorzulegen.

-

§ 16 Versagung der Bestellung

(1) Die Bestellung ist zu versagen,

1.

    wenn nach der Entscheidung des Bundesverfassungsgerichts ein Grundrecht verwirkt wurde;

2.

    wenn infolge strafgerichtlicher Verurteilung die Fähigkeit zur Bekleidung öffentlicher Ämter nicht gegeben ist;

3.

    solange die vorläufige Deckungszusage auf den Antrag zum Abschluss einer Berufshaftpflichtversicherung nicht vorliegt, es sei denn, es besteht ausschließlich eine Tätigkeit als Organmitglied oder eine Anstellung nach § 43a Abs. 1;

4.

    wenn sich der Bewerber oder die Bewerberin eines Verhaltens schuldig gemacht hat, das die Ausschließung aus dem Beruf rechtfertigen würde;

5.

    wenn der Bewerber oder die Bewerberin aus gesundheitlichen oder anderen Gründen nicht nur vorübergehend nicht in der Lage ist, den Beruf ordnungsgemäß auszuüben;

6.

    solange eine Tätigkeit ausgeübt wird, die mit dem Beruf nach § 43 Abs. 2 Satz 1 oder § 43a Abs. 3 unvereinbar ist;

7.

    wenn sich der Bewerber oder die Bewerberin in nicht geordneten wirtschaftlichen Verhältnissen, insbesondere in Vermögensverfall befindet; ein Vermögensverfall wird vermutet, wenn ein Insolvenzverfahren über das Vermögen eröffnet oder eine Eintragung in das vom Vollstreckungsgericht zu führende Verzeichnis (§ 26 Abs. 2 der Insolvenzordnung, § 882b der Zivilprozessordnung) vorliegt.

(2) Die Bestellung kann versagt werden, wenn der Bewerber sich so verhalten hat, dass die Besorgnis begründet ist, er werde den Berufspflichten als Wirtschaftsprüfer nicht genügen.

(3) Über die Versagung der Bestellung entscheidet die Wirtschaftsprüferkammer.

-

§ 16a Ärztliches Gutachten im Bestellungsverfahren

(1) Wenn es zur Entscheidung über den Versagungsgrund des § 16 Abs. 1 Nr. 5 erforderlich ist, gibt die Prüfungsstelle dem Bewerber oder der Bewerberin auf, innerhalb einer bestimmten angemessenen Frist ein Gutachten eines bestimmten Arztes oder einer bestimmten Ärztin über den Gesundheitszustand des Bewerbers oder der Bewerberin

vorzulegen. Das Gutachten muss auf einer Untersuchung und, wenn dies ein Amtsarzt oder eine Amtsärztin für notwendig hält, auch auf einer klinischen Beobachtung des Bewerbers oder der Bewerberin beruhen. Die Kosten des Gutachtens hat der Bewerber oder die Bewerberin zu tragen.

(2) Anordnungen nach Absatz 1 sind mit Gründen zu versehen und dem Bewerber oder der Bewerberin zuzustellen. Gegen die Anordnungen kann innerhalb eines Monats nach der Zustellung ein Antrag auf gerichtliche Entscheidung gestellt werden.

(3) Kommt der Bewerber oder die Bewerberin ohne ausreichenden Grund der Anordnung der Wirtschaftsprüferkammer nicht nach, gilt der Antrag auf Bestellung als zurückgenommen.

-

§ 17 Berufsurkunde und Berufseid

(1) Bewerber haben vor Aushändigung der Urkunde den Berufseid vor der Wirtschaftsprüferkammer oder einer von ihr im Einzelfall beauftragten Stelle zu leisten. Die Eidesformel lautet:
"Ich schwöre, daß ich die Pflichten eines Wirtschaftsprüfers verantwortungsbewußt und sorgfältig erfüllen, insbesondere Verschwiegenheit bewahren und Prüfungsberichte und Gutachten gewissenhaft und unparteiisch erstatten werde, so wahr mir Gott helfe".

(2) Der Eid kann auch ohne religiöse Beteuerung geleistet werden.

(3) Gestattet ein Gesetz den Mitgliedern einer Religionsgesellschaft an Stelle des Eides andere Beteuerungsformeln zu gebrauchen, so kann der Bewerber, der Mitglied einer solchen Religionsgesellschaft ist, diese Beteuerungsformel sprechen.

-

§ 18 Berufsbezeichnung

(1) Wirtschaftsprüfer haben im beruflichen Verkehr die Berufsbezeichnung "Wirtschaftsprüfer" zu führen. Frauen können die Berufsbezeichnung "Wirtschaftsprüferin" führen. Werden Erklärungen im Rahmen von Tätigkeiten nach § 2 Abs. 1, die Berufsangehörigen gesetzlich vorbehalten sind, abgegeben, so dürfen diese Erklärungen unter Verwendung nur der Berufsbezeichnung und zusätzlich mit einem amtlich verliehenen ausländischen Prüfertitel unterzeichnet werden.

(2) Akademische Grade und Titel und Zusätze, die auf eine staatlich verliehene Graduierung hinweisen, können neben der Berufsbezeichnung geführt werden. Amts- und Berufsbezeichnungen sind zusätzlich gestattet, wenn sie amtlich verliehen worden sind und es sich um Bezeichnungen für eine Tätigkeit handelt, die neben der Tätigkeit des Wirtschaftsprüfers ausgeübt werden darf (§ 43a); zulässig sind auch Fachanwaltsbezeichnungen. Zusätzlich gestattet sind auch in anderen Staaten zu Recht geführte Berufsbezeichnungen für die Tätigkeit als gesetzlicher Abschlußprüfer oder für eine Tätigkeit, die neben der Tätigkeit als Wirtschaftsprüfer ausgeübt werden darf.

(3) Mit dem Erlöschen, der Rücknahme oder dem Widerruf der Bestellung erlischt die Befugnis, die Berufsbezeichnung zu führen. Die Berufsbezeichnung darf auch nicht mit einem Zusatz, der auf die frühere Berechtigung hinweist, geführt werden.

(4) Die Wirtschaftsprüferkammer kann Berufsangehörigen, die wegen hohen Alters oder wegen körperlicher Leiden auf die Rechte aus der Bestellung verzichten und keine berufliche Tätigkeit mehr ausüben, auf Antrag die Erlaubnis erteilen, weiterhin die

Berufsbezeichnung zu führen. Die Wirtschaftsprüferkammer kann diese Erlaubnis zurücknehmen oder widerrufen, wenn nachträglich Umstände bekannt werden oder eintreten, die das Erlöschen, die Rücknahme oder den Widerruf der Bestellung nach sich ziehen würden oder zur Ablehnung der Erlaubnis hätten führen können. Vor der Rücknahme oder dem Widerruf der Erlaubnis ist der oder die Betroffene zu hören.

-

§ 19 Erlöschen der Bestellung

(1) Die Bestellung erlischt durch

1.
   Tod,
2.
   Verzicht,
3.
   rechtskräftige Ausschließung aus dem Beruf.

(2) Der Verzicht ist schriftlich gegenüber der Wirtschaftsprüferkammer zu erklären.

-

§ 20 Rücknahme und Widerruf der Bestellung

(1) Die Bestellung ist mit Wirkung für die Zukunft zurückzunehmen, wenn nachträglich Tatsachen bekanntwerden, bei deren Kenntnis die Bestellung hätte versagt werden müssen.

(2) Die Bestellung ist zu widerrufen, wenn der Wirtschaftsprüfer oder die Wirtschaftsprüferin

1.
   nicht eigenverantwortlich tätig ist oder eine Tätigkeit ausübt, die mit dem Beruf nach § 43 Abs. 2 Satz 1 oder § 43a Abs. 3 unvereinbar ist;
2.
   infolge strafgerichtlicher Verurteilung die Fähigkeit zur Bekleidung öffentlicher Ämter verloren hat;
3.
   aus gesundheitlichen oder anderen Gründen nicht nur vorübergehend nicht in der Lage ist, den Beruf ordnungsgemäß auszuüben;
4.
   nicht die vorgeschriebene Berufshaftpflichtversicherung (§ 44b Abs. 4, § 54) unterhält oder die vorgeschriebene Berufshaftpflichtversicherung innerhalb der letzten fünf Jahre wiederholt mit nennenswerter Dauer nicht aufrechterhalten hat und diese Unterlassung auch zukünftig zu besorgen ist;
5.
   sich in nicht geordneten wirtschaftlichen Verhältnissen, insbesondere in Vermögensverfall (§ 16 Abs. 1 Nr. 7) befindet;
6.
   eine berufliche Niederlassung gemäß § 3 Abs. 1 Satz 1 nicht unterhält;
7.
   nach der Entscheidung des Bundesverfassungsgerichts ein Grundrecht verwirkt hat.

13

(3) Der Wirtschaftsprüfer und die Wirtschaftsprüferin haben der Wirtschaftsprüferkammer unverzüglich anzuzeigen,

1.

dass eine gewerbliche Tätigkeit ausgeübt wird (§ 43a Abs. 3 Nr. 1),

2.

dass er oder sie ein Anstellungsverhältnis eingeht oder dass eine wesentliche Änderung eines bestehenden Anstellungsverhältnisses eintritt (§ 43a Abs. 3Nr. 2),

3.

dass er oder sie dauernd oder zeitweilig als Richter oder Richterin, Beamter oder Beamtin, Berufssoldat oder Berufssoldatin oder Soldat auf Zeit oder Soldatin auf Zeit verwendet wird (§ 43a Abs. 3 Nr. 3).
Der Wirtschaftsprüferkammer sind auf Verlangen die Unterlagen über ein Anstellungsverhältnis vorzulegen.
(4) In den Fällen des Absatzes 2 Nr. 1 und 4 ist von einem Widerruf abzusehen, wenn anzunehmen ist, daß der Wirtschaftsprüfer künftig eigenverantwortlich tätig sein, die nach § 43 Abs. 2 und § 43a Abs. 3 unvereinbare Tätigkeit dauernd aufgeben oder die vorgeschriebene Haftpflichtversicherung künftig laufend unterhalten wird. Dem Wirtschaftsprüfer kann hierfür eine angemessene Frist gesetzt werden. Kommt er seiner Verpflichtung innerhalb der gesetzten Frist nicht nach, so ist der Widerruf der Bestellung auszusprechen. Von einem Widerruf in den Fällen des Absatzes 2 Nr. 5 kann abgesehen werden, wenn der Wirtschaftsprüferkammer nachgewiesen wird, dass durch die nicht geordneten wirtschaftlichen Verhältnisse die Interessen Dritter nicht gefährdet sind.
(5) (weggefallen)
(6) Ist der Wirtschaftsprüfer wegen einer psychischen Krankheit oder einer körperlichen, geistigen oder seelischen Behinderung zur Wahrnehmung seiner Rechte in dem Verfahren nicht in der Lage, bestellt das Betreuungsgericht auf Antrag der Wirtschaftsprüferkammer einen Betreuer als gesetzlichen Vertreter in dem Verfahren; die Vorschriften des Gesetzes über das Verfahren in Familiensachen und in den Angelegenheiten der freiwilligen Gerichtsbarkeit bei der Anordnung einer Betreuung nach den §§ 1896ff. des Bürgerlichen Gesetzbuches sind entsprechend anzuwenden. Zum Betreuer soll ein Wirtschaftsprüfer bestellt werden.
(7) Entfällt die aufschiebende Wirkung einer Anfechtungsklage, sind § 116Abs. 2 bis 4, § 117 Abs. 2 und § 121 entsprechend anzuwenden. Die Anfechtungsklage gegen einen Widerruf aus den Gründen des Absatzes 2 Nr. 4 hat keine aufschiebende Wirkung.

-

§ 20a Ärztliches Gutachten im Widerrufsverfahren

Im Verfahren wegen des Widerrufs der Bestellung nach § 20 Abs. 2 Nr. 3 ist § 16a Abs. 1 und 2 entsprechend anzuwenden. Wird das Gutachten ohne zureichenden Grund nicht innerhalb der von der Wirtschaftsprüferkammer gesetzten Frist vorgelegt, wird vermutet, daß der Wirtschaftsprüfer aus dem Grund des § 20 Abs. 2 Nr. 3, der durch das Gutachten geklärt werden soll, nicht nur vorübergehend unfähig ist, seinen Beruf ordnungsgemäß auszuüben.

-

§ 21 Zuständigkeit

Über die Rücknahme und den Widerruf der Bestellung entscheidet die Wirtschaftsprüferkammer.

§ 22

(weggefallen)

§ 23 Wiederbestellung

(1) Ein ehemaliger Wirtschaftsprüfer kann wiederbestellt werden, wenn

1.
    die Bestellung nach § 19 Abs. 1 Nr. 2 erloschen ist;

2.
    im Falle des Erlöschens der Bestellung nach § 19 Abs. 1 Nr. 3 die rechtskräftige Ausschließung aus dem Beruf im Gnadenwege aufgehoben worden ist oder seit der rechtskräftigen Ausschließung mindestens acht Jahre verstrichen sind;

3.
    die Bestellung zurückgenommen oder widerrufen ist und die Gründe, die für die Rücknahme oder den Widerruf maßgeblich gewesen sind, nicht mehr bestehen.

(2) Eine erneute Prüfung ist nicht erforderlich. Die Wirtschaftsprüferkammer kann im Einzelfall anordnen, daß sich der Bewerber der Prüfung oder Teilen derselben zu unterziehen hat, wenn die pflichtgemäße Ausübung des Berufes sonst nicht gewährleistet erscheint. Für das Prüfungsverfahren gelten die §§ 7 und 12 sinngemäß.

(3) Die Wiederbestellung ist zu versagen, wenn die Voraussetzungen für die Wiederbestellung unter sinngemäßer Anwendung des § 16 nicht vorliegen.

§ 24

(weggefallen)

Vierter Abschnitt

§ 25

(weggefallen)

§ 26

(weggefallen)

15

Fünfter Abschnitt
Wirtschaftsprüfungsgesellschaften

§ 27 Rechtsform

(1) Aktiengesellschaften, Europäische Gesellschaften (SE), Kommanditgesellschaften auf Aktien, Gesellschaften mit beschränkter Haftung, Offene Handelsgesellschaften, Kommanditgesellschaften und Partnerschaftsgesellschaften können nach Maßgabe der Vorschriften dieses Abschnittes als Wirtschaftsprüfungsgesellschaften anerkannt werden.
(2) Offene Handelsgesellschaften und Kommanditgesellschaften können als Wirtschaftsprüfungsgesellschaften anerkannt werden, wenn sie wegen ihrer Treuhandtätigkeit als Handelsgesellschaften in das Handelsregister eingetragen worden sind.

§ 28 Voraussetzungen für die Anerkennung

(1) Voraussetzung für die Anerkennung ist, dass die Mehrheit der Mitglieder des Vorstandes, der Geschäftsführer und Geschäftsführerinnen, der persönlich haftenden Gesellschafter und Gesellschafterinnen, der geschäftsführenden Direktoren und Direktorinnen oder der Partner und Partnerinnen (gesetzliche Vertreter) Berufsangehörige oder in einem anderen Mitgliedstaat der Europäischen Union oder Vertragsstaat des Abkommens über den Europäischen Wirtschaftsraum zugelassene Abschlussprüfer oder Abschlussprüferinnen sind. Persönlich haftende Gesellschafter und Gesellschafterinnen können auch Wirtschaftsprüfungsgesellschaften oder in einem anderen Mitgliedstaat der Europäischen Union oder Vertragsstaat des Abkommens über den Europäischen Wirtschaftsraum zugelassene Prüfungsgesellschaften sein. Hat die Gesellschaft nur zwei gesetzliche Vertreter, so muss einer von ihnen Wirtschaftsprüfer oder Wirtschaftsprüferin oder in einem anderen Mitgliedstaat der Europäischen Union oder Vertragsstaat des Abkommens über den Europäischen Wirtschaftsraum zugelassener Abschlussprüfer oder zugelassene Abschlussprüferin sein. Mindestens eine in den Sätzen 1 bis 3 genannte Person oder Gesellschaft muss ihre berufliche Niederlassung am Sitz der Gesellschaft haben.
(2) Neben Berufsangehörigen, Wirtschaftsprüfungsgesellschaften, in einem anderen Mitgliedstaat der Europäischen Union oder Vertragsstaat des Abkommens über den Europäischen Wirtschaftsraum zugelassenen Abschlussprüfern oder Abschlussprüferinnen und Prüfungsgesellschaften sind vereidigte Buchprüfer und vereidigte Buchprüferinnen, Steuerberater und Steuerberaterinnen sowie Rechtsanwälte und Rechtsanwältinnen berechtigt, gesetzliche Vertreter von Wirtschaftsprüfungsgesellschaften zu sein. Dieselbe Berechtigung kann die Wirtschaftsprüferkammer besonders befähigten Personen, die nicht in Satz 1 genannt werden und die einen mit dem Beruf des Wirtschaftsprüfers und der Wirtschaftsprüferin zu vereinbarenden Beruf ausüben, auf Antrag erteilen.
(3) Die Wirtschaftsprüferkammer kann genehmigen, dass Personen, die in einem Drittstaat als sachverständige Prüfer oder Prüferinnen ermächtigt oder bestellt sind, neben Berufsangehörigen und in einem anderen Mitgliedstaat der Europäischen Union oder Vertragsstaat des Abkommens über den Europäischen Wirtschaftsraum zugelassenen Abschlussprüfern oder Abschlussprüferinnen gesetzliche Vertreter von

Wirtschaftsprüfungsgesellschaften sein können, wenn die Voraussetzungen für ihre Ermächtigung oder Bestellung den Vorschriften dieses Gesetzes im Wesentlichen entsprechen. Diejenigen sachverständigen, in einem Drittstaat ermächtigten oder bestellten Prüfer und Prüferinnen, die als persönlich haftende Gesellschafter oder Gesellschafterinnen von der Geschäftsführung ausgeschlossen sind, bleiben unberücksichtigt. Die Sätze 1 und 2 gelten entsprechend für Rechtsanwälte und Rechtsanwältinnen, Patentanwälte und Patentanwältinnen sowie Steuerberater und Steuerberaterinnen anderer Staaten, wenn diese einen nach Ausbildung und Befugnissen der Bundesrechtsanwaltsordnung, der Patentanwaltsordnung oder des Steuerberatungsgesetzes entsprechenden Beruf ausüben.

(4) Voraussetzung für die Anerkennung ist ferner, daß

1.

Gesellschafter ausschließlich Berufsangehörige, Wirtschaftsprüfungsgesellschaften, welche die Voraussetzungen dieses Absatzes erfüllen, oder in einem anderen Mitgliedstaat der Europäischen Union oder Vertragsstaat des Abkommens über den Europäischen Wirtschaftsraum zugelassene Abschlussprüfer, Abschlussprüferinnen oder dort zugelassene Prüfungsgesellschaften oder Personen nach Nummer 1a sind;

1a.

Gesellschafter vereidigte Buchprüfer oder vereidigte Buchprüferinnen, Steuerberater oder Steuerberaterinnen, Steuerbevollmächtigte, Rechtsanwälte oder Rechtsanwältinnen, Personen, mit denen eine gemeinsame Berufsausübung nach § 44b Abs. 2 zulässig ist, oder Personen sind, deren Tätigkeit als Vorstandsmitglied, Geschäftsführer oder Geschäftsführerin, Partner oder Partnerin oder persönlich haftender Gesellschafter oder persönlich haftende Gesellschafterin nach Absatz 2 oder 3 genehmigt worden ist, und mindestens die Hälfte der Anzahl der in dieser Nummer genannten Personen in der Gesellschaft tätig ist;

2.

die Anteile an der Wirtschaftsprüfungsgesellschaft nicht für Rechnung eines Dritten gehalten werden;

3.

bei Kapitalgesellschaften die Mehrheit der Anteile Wirtschaftsprüfern oder Wirtschaftsprüfungsgesellschaften, die die Voraussetzungen dieses Absatzes erfüllen, oder in einem anderen Mitgliedstaat der Europäischen Union oder Vertragsstaat des Abkommens über den Europäischen Wirtschaftsraum zugelassenen Abschlussprüfern, Abschlussprüferinnen oder dort zugelassenen Prüfungsgesellschaften gehört;

3a.

bei Kapitalgesellschaften, Kommanditgesellschaften und Kommanditgesellschaften auf Aktien denjenigen Personen nach Nummer 1a, die nicht in der Gesellschaft tätig sind, weniger als ein Viertel der Anteile am Nennkapital oder der im Handelsregister eingetragenen Einlagen der Kommanditisten gehören (einfache Minderheitenbeteiligung);

4.

bei Kommanditgesellschaften die Mehrheit der im Handelsregister eingetragenen Einlagen der Kommanditisten von Wirtschaftsprüfern oder Wirtschaftsprüfungsgesellschaften, die die Voraussetzungen dieses Absatzes erfüllen, oder von in einem anderen Mitgliedstaat der Europäischen Union oder Vertragsstaat des Abkommens über den Europäischen Wirtschaftsraum zugelassenen Abschlussprüfern, Abschlussprüferinnen oder von dort zugelassenen Prüfungsgesellschaften übernommen worden ist;

5.

Wirtschaftsprüfern oder Wirtschaftsprüfungsgesellschaften, die die Voraussetzungen dieses Absatzes erfüllen, oder in einem anderen Mitgliedstaat der Europäischen Union oder Vertragsstaat des Abkommens über den Europäischen Wirtschaftsraum zugelassenen Abschlussprüfern, Abschlussprüferinnen oder dort zugelassenen Prüfungsgesellschaften zusammen die Mehrheit der Stimmrechte der Aktionäre, Kommanditaktionäre, Gesellschafter einer Gesellschaft mit beschränkter Haftung oder Kommanditisten zusteht und

6.

im Gesellschaftsvertrag bestimmt ist, daß zur Ausübung von Gesellschafterrechten nur Gesellschafter bevollmächtigt werden können, die Berufsangehörige oder in einem anderen Mitgliedstaat der Europäischen Union oder Vertragsstaat des Abkommens über den Europäischen Wirtschaftsraum zugelassene Abschlussprüfer oder Abschlussprüferinnen sind.

Haben sich Berufsangehörige im Sinne von Satz 1 Nr. 1 zu einer Gesellschaft bürgerlichen Rechts zusammengeschlossen, deren Zweck ausschließlich das Halten von Anteilen an einer Wirtschaftsprüfungsgesellschaft ist, so werden ihnen die Anteile an der Wirtschaftsprüfungsgesellschaft im Verhältnis ihrer Beteiligung an der Gesellschaft bürgerlichen Rechts zugerechnet. Stiftungen und eingetragene Vereine gelten als Berufsangehörige im Sinne von Satz 1 Nr. 1, wenn

a)

sie ausschließlich der Altersversorgung von in der Wirtschaftsprüfungsgesellschaft tätigen Personen und deren Hinterbliebenen dienen oder ausschließlich die Berufsausbildung, Berufsfortbildung oder die Wissenschaft fördern und

b)

die zur gesetzlichen Vertretung berufenen Organe mehrheitlich aus Wirtschaftsprüfern bestehen.

(5) Bei Aktiengesellschaften und Kommanditgesellschaften auf Aktien müssen die Aktien auf Namen lauten. Die Übertragung muß an die Zustimmung der Gesellschaft gebunden sein. Dasselbe gilt für die Übertragung von Geschäftsanteilen an einer Gesellschaft mit beschränkter Haftung.

(6) Bei Gesellschaften mit beschränkter Haftung muß das Stammkapital mindestens fünfundzwanzigtausend Euro betragen. Bei Aktiengesellschaften, Kommanditgesellschaften auf Aktien und Gesellschaften mit beschränkter Haftung muss bei Antragstellung nachgewiesen werden, dass der Wert der einzelnen Vermögensgegenstände abzüglich der Schulden mindestens dem gesetzlichen Mindestbetrag des Grund- oder Stammkapitals entspricht.

(7) Die Anerkennung muß versagt werden, solange nicht die vorläufige Deckungszusage auf den Antrag zum Abschluß einer Berufshaftpflichtversicherung vorliegt.

§ 29 Zuständigkeit und Verfahren

(1) Zuständig für die Anerkennung als Wirtschaftsprüfungsgesellschaft ist die Wirtschaftsprüferkammer.

(2) Dem Antrag sind eine Ausfertigung oder eine öffentlich beglaubigte Abschrift des Gesellschaftsvertrages oder der Satzung sowie Nachweise zum Vorliegen der in § 28 genannten Anerkennungsvoraussetzungen beizufügen.

(3) Über die Anerkennung als Wirtschaftsprüfungsgesellschaft wird eine Urkunde ausgestellt. § 3a des Verwaltungsverfahrensgesetzes findet keine Anwendung.

§ 30 Änderungsanzeige

Jede Änderung des Gesellschaftsvertrages oder der Satzung oder in der Person der gesetzlichen Vertreter ist der Wirtschaftsprüferkammer unverzüglich anzuzeigen. Der Änderungsanzeige ist eine öffentlich beglaubigte Abschrift der jeweiligen Urkunde beizufügen. Wird die Änderung im Handelsregister oder Partnerschaftsregister eingetragen, ist eine öffentlich beglaubigte Abschrift der Eintragung nachzureichen.

§ 31 Bezeichnung "Wirtschaftsprüfungsgesellschaft"

Die anerkannte Gesellschaft ist verpflichtet, die Bezeichnung "Wirtschaftsprüfungsgesellschaft" in die Firma oder den Namen aufzunehmen und im beruflichen Verkehr zu führen. Für eine Partnerschaftsgesellschaft entfällt die Pflicht nach § 2 Abs. 1 des Partnerschaftsgesellschaftsgesetzes vom 25. Juli 1994 (BGBl. I S. 1744), zusätzlich die Berufsbezeichnungen aller in der Partnerschaft vertretenen Berufe in den Namen aufzunehmen.

§ 32 Bestätigungsvermerke

Erteilen Wirtschaftsprüfungsgesellschaften gesetzlich vorgeschriebene Bestätigungsvermerke, so dürfen diese nur von Wirtschaftsprüfern unterzeichnet werden; sie dürfen auch von vereidigten Buchprüfern unterzeichnet werden, soweit diese gesetzlich befugt sind, Bestätigungsvermerke zu erteilen. Gleiches gilt für sonstige Erklärungen im Rahmen von Tätigkeiten, die den Berufsangehörigen gesetzlich vorbehalten sind.

§ 33 Erlöschen der Anerkennung

(1) Die Anerkennung erlischt durch

1.

2. Auflösung der Gesellschaft,

2. Verzicht auf die Anerkennung.

(2) Der Verzicht ist schriftlich gegenüber der Wirtschaftsprüferkammer zu erklären. Die Auflösung der Gesellschaft ist der Wirtschaftsprüferkammer unverzüglich anzuzeigen.

-

§ 34 Rücknahme und Widerruf der Anerkennung

(1) Die Anerkennung ist zurückzunehmen oder zu widerrufen, wenn

1. für die Person eines Vorstandsmitgliedes, Geschäftsführers, persönlich haftenden Gesellschafters oder Partners die Bestellung zurückgenommen oder widerrufen ist, es sei denn, daß jede Vertretungs- und Geschäftsführungsbefugnis dieser Person unverzüglich widerrufen oder entzogen ist;

2. sich nach der Anerkennung ergibt, daß sie hätte versagt werden müssen, oder wenn die Voraussetzungen für die Anerkennung der Gesellschaft, auch bezogen auf § 54 Abs. 1, nachträglich fortfallen, es sei denn, daß die Gesellschaft innerhalb einer angemessenen, von der Wirtschaftsprüferkammer zu bestimmenden Frist, die bei Fortfall der in § 28 Abs. 2 Satz 3 und Abs. 3 Satz 2 genannten Voraussetzungen höchstens zwei Jahre betragen darf, den dem Gesetz entsprechenden Zustand herbeiführt; bei Fortfall der in § 28 Abs. 4 genannten Voraussetzungen wegen eines Erbfalls muß die Frist mindestens fünf Jahre betragen;

3. ein Mitglied des Vorstandes, ein Geschäftsführer, ein persönlich haftender Gesellschafter oder ein Partner durch rechtskräftiges berufsgerichtliches Urteil aus dem Beruf ausgeschlossen ist oder einer der in § 28 Abs. 2 Sätze 1, 2 und Abs. 3 genannten Personen die Eignung zur Vertretung und Geschäftsführung einer Wirtschaftsprüfungsgesellschaft aberkannt ist, es sei denn, daß die Wirtschaftsprüfungsgesellschaft der Wirtschaftsprüferkammer nachweist, daß jede Vertretungs- und Geschäftsführungsbefugnis des Verurteilten unverzüglich widerrufen oder entzogen ist.

(2) Die Anerkennung ist zu widerrufen, wenn die Gesellschaft in Vermögensverfall geraten ist, es sei denn, daß dadurch die Interessen der Auftraggeber oder anderer Personen nicht gefährdet sind.

(3) Über die Rücknahme und den Widerruf der Anerkennung entscheidet die Wirtschaftsprüferkammer.

-

§ 35

(weggefallen)

-

20

§ 36

(weggefallen)

Sechster Abschnitt
Allgemeine Vorschriften für das Verwaltungsverfahren

§ 36a Untersuchungsgrundsatz, Mitwirkungspflicht, Übermittlung personenbezogener Daten

(1) Die Wirtschaftsprüferkammer ermittelt den Sachverhalt von Amts wegen.

(2) Die am Verfahren beteiligten Bewerber, Wirtschaftsprüfer oder Gesellschaften sollen bei der Ermittlung des Sachverhalts mitwirken und, soweit es dessen bedarf, ihr Einverständnis mit der Verwendung von Beweismitteln erklären. Ihr Antrag auf Gewährung von Rechtsvorteilen ist zurückzuweisen, wenn die für die Entscheidung zuständige Stelle infolge ihrer Verweigerung der Mitwirkung den Sachverhalt nicht hinreichend klären kann. Der Bewerber, Wirtschaftsprüfer oder die Gesellschaft ist auf diese Rechtsfolge hinzuweisen.

(3) Es übermitteln

1.
    die Wirtschaftsprüferkammer, Gerichte und Behörden Daten über natürliche und juristische Personen, die aus der Sicht der übermittelnden Stelle für die Zulassung zur oder die Durchführung der Prüfung und Eignungsprüfung, für die Erteilung einer Ausnahmegenehmigung nach § 28 Abs. 2 oder 3 oder für die Rücknahme oder den Widerruf dieser Entscheidung erforderlich sind, an die für die Entscheidung zuständige Stelle,

2.
    Gerichte und Behörden Daten über natürliche und juristische Personen, die aus Sicht der übermittelnden Stelle für die Bestellung oder Wiederbestellung, die Anerkennung oder die Rücknahme oder den Widerruf dieser Entscheidung erforderlich sind oder die den Verdacht einer Berufspflichtverletzung begründen können, an die Wirtschaftsprüferkammer,

soweit hierdurch schutzwürdige Interessen des oder der Betroffenen nicht beeinträchtigt werden oder das öffentliche Interesse das Geheimhaltungsinteresse der Beteiligten überwiegt. Die Übermittlung unterbleibt, wenn besondere gesetzliche Verwendungsregelungen entgegenstehen; dies gilt nicht für das Steuergeheimnis nach § 30 der Abgabenordnung, die Verschwiegenheitspflicht nach § 64, die Verschwiegenheitspflicht der Organmitglieder, Beauftragten und Angestellten der Berufskammer eines anderen freien Berufs im Geltungsbereich dieses Gesetzes und die Verschwiegenheitspflicht der in § 9 Abs. 1 des Kreditwesengesetzes und in § 8 des Wertpapierhandelsgesetzes sowie der in § 342c des Handelsgesetzbuchs benannten Personen und Stellen.

(4) Soweit natürliche oder juristische Personen Mitglieder einer Berufskammer eines anderen freien Berufs im Geltungsbereich dieses Gesetzes sind, darf die Wirtschaftsprüferkammer Daten im Sinne des Absatzes 3 und nach Maßgabe dieser Vorschrift auch an andere zuständige Stellen übermitteln, soweit ihre Kenntnis aus der Sicht der übermittelnden Stelle für die Verwirklichung der Rechtsfolge erforderlich ist.

(5) Die Wirtschaftsprüferkammer darf personenbezogene Daten ihrer Mitglieder an die Versorgungswerke der Wirtschaftsprüfer und der vereidigten Buchprüfer übermitteln, soweit sie für die Feststellung der Mitgliedschaft sowie von Art und Umfang der Beitragspflicht oder der Versorgungsleistung erforderlich sind.

Siebenter Abschnitt
Berufsregister

-

§ 37 Registerführende Stelle

(1) Die Wirtschaftsprüferkammer führt ein Berufsregister für Wirtschaftsprüfer und Wirtschaftsprüfungsgesellschaften. Alle einzutragenden Berufsangehörigen und Wirtschaftsprüfungsgesellschaften erhalten jeweils eine Registernummer. Das Berufsregister wird in deutscher Sprache elektronisch geführt und ist der Öffentlichkeit mit den aktuellen Daten mit Ausnahme des Geburtstags und des Geburtsortes bei Berufsangehörigen elektronisch zugänglich.
(2) Die Wirtschaftsprüferkammer kann ein Mitgliederverzeichnis veröffentlichen, das weitere, über § 38 hinausgehende freiwillige Angaben der Berufsangehörigen und der Berufsgesellschaften enthalten kann.
(3) Auf Verlangen des Mitgliedes muß die Eintragung in das Mitgliederverzeichnis unterbleiben. Das Mitglied ist von der Wirtschaftsprüferkammer auf sein Widerspruchsrecht hinzuweisen.

-

§ 38 Eintragung

In das Berufsregister sind einleitend die für alle Berufsangehörigen und Wirtschaftsprüfungsgesellschaften verantwortlichen Stellen für die Zulassung, die Qualitätskontrolle, die Berufsaufsicht und die öffentliche Aufsicht nach § 66a (Bezeichnungen, Anschriften) und darauf folgend im Einzelnen neben der jeweiligen Registernummer einzutragen

1.
   Wirtschaftsprüfer, und zwar
   a)
      Name, Vorname, Geburtstag, Geburtsort und Veränderungen des Namens,
   b)
      Tag der Bestellung und die Behörde, die die Bestellung vorgenommen hat,
   c)
      Datum der Begründung der beruflichen Niederlassung, deren Anschrift, in den Fällen des § 3 Abs. 1 Satz 1 Halbsatz 2 die inländische Zustellungsanschrift und ihre Veränderungen unter Angabe des Datums,
   d)
      Art der beruflichen Tätigkeit nach § 43a Abs. 1 und 2 und alle Veränderungen unter Angabe des Datums,
   e)
      Name, Vorname, Berufe oder Firma und die Anschriften der beruflichen

22

Niederlassungen der Mitglieder der Sozietät, Name der Sozietät und alle Veränderungen unter Angabe des Datums; dies gilt entsprechend im Falle der Kundmachung einer Sozietät, auch wenn die Voraussetzungen nach § 44b Abs. 1 Satz 1 nicht vorliegen,

f)

Firma, Anschrift, Internetadresse und Registernummer der Prüfungsgesellschaft, bei welcher der Wirtschaftsprüfer oder die Wirtschaftsprüferin angestellt oder in anderer Weise tätig ist oder der er oder sie als Partner oder Partnerin angehört oder in ähnlicher Weise verbunden ist,

g)

Name, Vorname, Berufe und Anschriften der beruflichen Niederlassungen der Partner, Name der Partnerschaft sowie alle Veränderungen unter Angabe des Datums; dies gilt entsprechend im Falle der Kundmachung einer Partnerschaft, auch wenn die Voraussetzungen nach § 1 des Partnerschaftsgesellschaftsgesetzes nicht vorliegen,

h)

Erteilung der Bescheinigung nach § 57a Abs. 6 Satz 7 und Ablauf der Frist nach § 57a Abs. 6 Satz 8 oder Ablauf der Frist nach § 57a Abs. 1 Satz 2 und alle Veränderungen unter Angabe des Datums,

i)

Registrierung als Prüfer für Qualitätskontrolle nach § 57a Abs. 3,

j)

alle anderen Registrierungen bei zuständigen Stellen anderer Staaten unter Angabe des Namens der betreffenden Registerstelle sowie der Registernummer,

k)

berufsgerichtlich festgesetzte, auch vorläufige Tätigkeits- und Berufsverbote und bei Tätigkeitsverboten das Tätigkeitsgebiet, jeweils unter Angabe des Beginns und der Dauer.

2.

Wirtschaftsprüfungsgesellschaften, und zwar

a)

Name und Rechtsform,

b)

Tag der Anerkennung als Wirtschaftsprüfungsgesellschaft und die Behörde, die die Anerkennung ausgesprochen hat,

c)

Anschrift der Hauptniederlassung, Kontaktmöglichkeiten einschließlich einer Kontaktperson, Internetadresse und, sofern die Wirtschaftsprüfungsgesellschaft in ein Netzwerk eingebunden ist, Firmen und Anschriften der Mitglieder des Netzwerks und ihrer verbundenen Unternehmen oder ein Hinweis darauf, wo diese Angaben öffentlich zugänglich sind,

d)

Namen, Berufe, Geburtsdaten und Anschriften der Gesellschafter und der Mitglieder des zur gesetzlichen Vertretung berufenen Organs einer juristischen Person und die Höhe ihrer Aktien und Stammeinlagen sowie Namen, Berufe, Geburtsdaten und Anschriften der vertretungsberechtigten und der übrigen Gesellschafter einer Personengesellschaft und die Höhe der im Handelsregister eingetragenen Einlagen der Kommanditisten,

e)

Namen, Geschäftsanschriften und Registernummern der im Namen der Gesellschaft tätigen Wirtschaftsprüfer,

f)

Erteilung der Bescheinigung nach § 57a Abs. 6 Satz 7 und Ablauf der Frist nach § 57a Abs. 6 Satz 8 oder Ablauf der Frist nach § 57a Abs. 1 Satz 2,

g)

Registrierung als Prüfer für Qualitätskontrolle nach § 57a Abs. 3,

h)

alle anderen Registrierungen bei zuständigen Stellen anderer Staaten unter Angabe des Namens der Registerstelle sowie der Registernummer

sowie alle Veränderungen zu den Buchstaben a, c, d, e, f, g und h unter Angabe des Datums.

3.

Zweigniederlassungen von Wirtschaftsprüfern und Wirtschaftsprüfungsgesellschaften, und zwar

a)

Name,

b)

Anschrift der Zweigniederlassung,

c)

Namen und Anschriften der die Zweigniederlassung leitenden Personen

sowie alle Veränderungen zu den Buchstaben a bis c unter Angabe des Datums.

4.

Abschlussprüfer, Abschlussprüferinnen und Abschlussprüfungsgesellschaften aus Drittstaaten gemäß § 134; die Nummern 1 bis 3 gelten entsprechend.

-

§ 39 Löschung

(1) Im Berufsregister sind zu löschen

1.

Wirtschaftsprüfer, wenn die Bestellung als Wirtschaftsprüfer erloschen oder unanfechtbar zurückgenommen oder widerrufen ist;

2.

Wirtschaftsprüfungsgesellschaften, wenn die Anerkennung als Wirtschaftsprüfungsgesellschaft erloschen oder unanfechtbar zurückgenommen oder widerrufen ist;

3.

Zweigniederlassungen,

a)

wenn die Zweigniederlassung aufgehoben ist,

b)

wenn die Zweigniederlassung nicht mehr von einem Wirtschaftsprüfer verantwortlich geleitet wird und eine Ausnahmegenehmigung der Wirtschaftsprüferkammer nicht vorliegt.

(2) Wirtschaftsprüfer oder Wirtschaftsprüfungsgesellschaften und ihre Zweigniederlassungen sind, wenn die sofortige Vollziehung von Rücknahme oder Widerruf

der Bestellung oder Anerkennung besonders angeordnet wurde, abweichend von Absatz 1 im Berufsregister zu löschen. Wird die aufschiebende Wirkung der Klage angeordnet oder wiederhergestellt oder die Rücknahme oder der Widerruf rechtskräftig aufgehoben, hat die Eintragung nach § 38 erneut zu erfolgen.

(3) Die Angaben nach § 38 Nr. 1 Buchstabe h und i und § 38 Nr. 2 Buchstabe f und g sind zu löschen, wenn die Bescheinigung nach § 57a Abs. 6 Satz 7, die Ausnahmegenehmigung nach § 57a Abs. 1 Satz 2 oder die Registrierung als Prüfer für Qualitätskontrolle unanfechtbar zurückgenommen oder widerrufen oder durch Fristablauf erloschen ist. Die Angaben zu § 38 Nr. 1 Buchstabe k sind zu löschen, wenn die Tätigkeits- oder Berufsverbote erloschen sind.

-

§ 40 Verfahren

(1) Eintragungen und Löschungen werden von der Wirtschaftsprüferkammer von Amts wegen vorgenommen.

(2) Die Mitglieder der Wirtschaftsprüferkammer sind verpflichtet, die Tatsachen, die eine Eintragung, ihre Veränderung oder eine Löschung erforderlich machen, der Wirtschaftsprüferkammer unverzüglich in einer den §§ 126, 126a des Bürgerlichen Gesetzbuchs entsprechenden Form mitzuteilen. § 62a gilt entsprechend.

-

§ 40a Register für genossenschaftliche Prüfungsverbände und Prüfungsstellen der Sparkassen- und Giroverbände

(1) Bei der Wirtschaftsprüferkammer werden auch die genossenschaftlichen Prüfungsverbände registriert, die Abschlussprüfungen im Sinn des § 340k Abs. 2 Satz 1 des Handelsgesetzbuchs oder des Artikels 25 Abs. 1 Satz 1 des Einführungsgesetzes zum Handelsgesetzbuch durchführen, sowie die Prüfungsstellen der Sparkassen- und Giroverbände. § 37 Abs. 1 gilt entsprechend.

(2) In das Register sind im Einzelnen neben der jeweiligen Registernummer einzutragen:

1.
   Name und Rechtsform des Prüfungsverbands oder Name der Prüfungsstelle sowie Name und Rechtsform des Trägers der Prüfungsstelle;

2.
   Tag der Verleihung des Prüfungsrechts und die Behörde, die das Recht verliehen hat, oder gesetzliche Ermächtigung der Prüfungsstelle;

3.
   Anschrift des Hauptbüros sowie Kontaktmöglichkeiten einschließlich einer Kontaktperson, Internetadresse und, sofern der Prüfungsverband oder die Prüfungsstelle Mitglied in einem Netzwerk ist, Namen und Anschriften aller Mitglieder des Netzwerkes und ihrer verbundenen Unternehmen oder ein Hinweis darauf, wo diese Informationen öffentlich zugänglich sind;

4.
   Anschriften von weiteren Büros in Deutschland;

5.
   Namen und Geschäftsadressen aller Mitglieder des Vorstands des Prüfungsverbands oder des Leiters der Prüfungsstelle;

25

6.

    Namen und Registernummern der im Namen des Prüfungsverbands oder der Prüfungsstelle tätigen Wirtschaftsprüfer;

7.

    alle anderen Registrierungen bei zuständigen Stellen anderer Staaten unter Angabe des Namens der Registerstelle sowie der Registernummer;

8.

    Name und Anschrift der zuständigen Aufsichtsbehörde.

(3) Die in Absatz 1 genannten Prüfungsverbände und Prüfungsstellen sind verpflichtet, der Wirtschaftsprüferkammer die in Absatz 2 genannten Tatsachen sowie jede Änderung dieser Tatsachen mitzuteilen. Die Wirtschaftsprüferkammer hat die mitgeteilten Tatsachen sowie Änderungen einzutragen.

(4) Die in Absatz 1 genannten genossenschaftlichen Prüfungsverbände sind verpflichtet, der Wirtschaftsprüferkammer Mitteilung zu machen, wenn sie keine Abschlussprüfungen im Sinn des § 340k Abs. 2 Satz 1 des Handelsgesetzbuchs oder des Artikels 25 Abs. 1 Satz 1 des Einführungsgesetzes zum Handelsgesetzbuch mehr durchführen oder wenn ihr Prüfungsrecht unanfechtbar entzogen worden ist. Die in Absatz 1 genannten Prüfungsstellen der Sparkassen- und Giroverbände sind verpflichtet der Wirtschaftsprüferkammer mitzuteilen, wenn ihr Prüfungsrecht unanfechtbar entzogen worden ist. In diesen Fällen hat die Wirtschaftsprüferkammer die Eintragung zu löschen.

Achter Abschnitt
Verwaltungsgerichtliches Verfahren

-

§ 41 Unmittelbare Klage gegen Bescheide der Wirtschaftsprüferkammer

Vor Erhebung einer Klage gegen Bescheide der Wirtschaftsprüferkammer, die aufgrund von Vorschriften des Dritten und Fünften Abschnitts des Zweiten Teils und § 134a Abs. 1 und 2 dieses Gesetzes erlassen worden sind, bedarf es keiner Nachprüfung in einem Vorverfahren.

-

§ 42

(weggefallen)

Dritter Teil
Rechte und Pflichten der Wirtschaftsprüfer

-

§ 43 Allgemeine Berufspflichten

(1) Der Wirtschaftsprüfer hat seinen Beruf unabhängig, gewissenhaft, verschwiegen und eigenverantwortlich auszuüben. Er hat sich insbesondere bei der Erstattung von Prüfungsberichten und Gutachten unparteiisch zu verhalten.

(2) Der Wirtschaftsprüfer hat sich jeder Tätigkeit zu enthalten, die mit seinem Beruf oder

26

mit dem Ansehen des Berufs unvereinbar ist. Er hat sich der besonderen Berufspflichten bewußt zu sein, die ihm aus der Befugnis erwachsen, gesetzlich vorgeschriebene Bestätigungsvermerke zu erteilen. Er hat sich auch außerhalb der Berufstätigkeit des Vertrauens und der Achtung würdig zu erweisen, die der Beruf erfordert. Er ist verpflichtet, sich fortzubilden.

(3) Wer Abschlussprüfer eines Unternehmens im Sinn des § 319a Abs. 1 Satz 1 des Handelsgesetzbuchs war oder wer als verantwortlicher Prüfungspartner im Sinn des § 319a Abs. 1 Satz 5, Abs. 2 Satz 2 des Handelsgesetzbuchs bei der Abschlussprüfung eines solchen Unternehmens tätig war, darf dort innerhalb von zwei Jahren nach der Beendigung der Prüfungstätigkeit keine wichtige Führungstätigkeit ausüben.

(4) (weggefallen)
-

§ 43a Regeln der Berufsausübung

(1) Wirtschaftsprüfer dürfen ihren Beruf selbständig in eigener Praxis oder in gemeinsamer Berufsausübung gemäß § 44b, als Vorstandsmitglieder, geschäftsführende Personen, persönlich haftende oder nach dem Partnerschaftsgesellschaftsgesetz verbundene Personen von Wirtschaftsprüfungsgesellschaften sowie als zeichnungsberechtigte Vertreter oder als zeichnungsberechtigte Angestellte bei Wirtschaftsprüfern, Wirtschaftsprüfungsgesellschaften, genossenschaftlichen Prüfungsverbänden und Prüfungsstellen von Sparkassen- und Giroverbänden oder überörtlichen Prüfungseinrichtungen für Körperschaften und Anstalten des öffentlichen Rechts ausüben.

(2) Wirtschaftsprüfer dürfen als Vorstandsmitglieder, geschäftsführende Personen, persönlich haftende oder nach dem Partnerschaftsgesellschaftsgesetz verbundene Personen einer Buchprüfungsgesellschaft, einer Rechtsanwaltsgesellschaft, einer Steuerberatungsgesellschaft oder einer Partnerschaftsgesellschaft, die nicht als Wirtschaftsprüfungsgesellschaft oder Buchprüfungsgesellschaft anerkannt ist, nur tätig werden, wenn sie befugt bleiben, Aufträge auf gesetzlich vorgeschriebene Abschlussprüfungen nach § 316 des Handelsgesetzbuchs durchzuführen. Unter der Voraussetzung des Satzes 1 dürfen Wirtschaftsprüfer als zeichnungsberechtigte Vertreter oder zeichnungsberechtigte Angestellte bei einem Angehörigen eines ausländischen Prüferberufs oder einer ausländischen Prüfungsgesellschaft oder als Vorstandsmitglieder, geschäftsführende Personen, persönlich haftende oder nach dem Partnerschaftsgesellschaftsgesetz verbundene Personen einer ausländischen Prüfungsgesellschaft tätig werden, wenn die Voraussetzungen für deren Berufsausübung den Vorschriften dieses Gesetzes im Wesentlichen entsprechen. Satz 1 gilt entsprechend für die Tätigkeit als Vorstandsmitglied, geschäftsführende Personen, persönlich haftende oder nach dem Partnerschaftsgesellschaftsgesetz verbundene Personen einer ausländischen Rechtsberatungsgesellschaft oder Steuerberatungsgesellschaft, wenn die Voraussetzungen für deren Berufsausübung den Vorschriften der Bundesrechtsanwaltsordnung oder des Steuerberatungsgesetzes im Wesentlichen entsprechen.

(3) Wirtschaftsprüfer dürfen nicht ausüben

1.
    eine gewerbliche Tätigkeit;

2.
    jede Tätigkeit auf Grund eines Anstellungsvertrages mit Ausnahme der in den

Absätzen 1 und 2 sowie in Absatz 4 Nr. 2, 3, 4, 5 und 8 genannten Fälle; in Ausnahmefällen kann die Wirtschaftsprüferkammer eine treuhänderische Verwaltung in einem Anstellungsverhältnis für vereinbar erklären, wenn sie nur vorübergehende Zeit dauert und die Übernahme der Treuhandfunktion ein Anstellungsverhältnis erfordert;

3.

jede Tätigkeit auf Grund eines Beamtenverhältnisses oder eines nicht ehrenamtlich ausgeübten Richterverhältnisses mit Ausnahme des in Absatz 4 Nr. 2 genannten Falles. § 44a bleibt unberührt.

(4) Vereinbar mit dem Beruf des Wirtschaftsprüfers sind

1.

die Ausübung eines freien Berufes auf dem Gebiet der Technik und des Rechtswesens und eines nach § 44b Abs. 1 sozietätsfähigen Berufs;

2.

die Tätigkeit an wissenschaftlichen Instituten und als Lehrer an Hochschulen;

3.

die Tätigkeit als Angestellter der Wirtschaftsprüferkammer;

4.

die Tätigkeit als Angestellter einer nach § 342 Abs. 1 des Handelsgesetzbuchs vom Bundesministerium der Justiz durch Vertrag anerkannten Einrichtung, als Angestellter einer nach § 342b Abs. 1 des Handelsgesetzbuchs vom Bundesministerium der Justiz im Einvernehmen mit dem Bundesministerium der Finanzen durch Vertrag anerkannten Prüfstelle oder als Angestellter einer nicht gewerblich tätigen Personenvereinigung, deren ordentliche Mitglieder Wirtschaftsprüfer, Wirtschaftsprüfungsgesellschaften, vereidigte Buchprüfer oder Buchprüfungsgesellschaften oder Personen und Personengesellschaften sind, die die Voraussetzungen des § 44b Abs. 2 Satz 1 erfüllen, und deren ausschließlicher Zweck die Vertretung der beruflichen Belange der Wirtschaftsprüfer oder vereidigten Buchprüfer ist und in der Wirtschaftsprüfer, Wirtschaftsprüfungsgesellschaften, vereidigte Buchprüfer oder Buchprüfungsgesellschaften die Mehrheit haben;

4a.

die Tätigkeit als Angestellter der Bundesanstalt für Finanzdienstleistungsaufsicht, wenn es sich um eine Tätigkeit nach Abschnitt 11 des Wertpapierhandelsgesetzes handelt;

5.

die Tätigkeit als Geschäftsführer einer Europäischen wirtschaftlichen Interessenvereinigung, deren Mitglieder ausschließlich sozietätsfähige Personen sind;

6.

die Durchführung von Lehr- und Vortragsveranstaltungen zur Vorbereitung auf die Prüfungen als Wirtschaftsprüfer, vereidigter Buchprüfer und Steuerberater und zur Fortbildung der Mitglieder der Wirtschaftsprüferkammer;

7.

die freie schriftstellerische, wissenschaftliche und künstlerische Tätigkeit und die freie Vortragstätigkeit;

8.

die Tätigkeit als Angestellter eines Prüfungsverbands nach § 26 Abs. 2 des Gesetzes über das Kreditwesen.

-

§ 44 Eigenverantwortliche Tätigkeit

(1) Eine eigenverantwortliche Tätigkeit übt nicht aus, wer sich als zeichnungsberechtigter Vertreter oder als zeichnungsberechtigter Angestellter an Weisungen zu halten hat, die ihn verpflichten, Prüfungsberichte und Gutachten auch dann zu unterzeichnen, wenn ihr Inhalt sich mit seiner Überzeugung nicht deckt. Weisungen, die solche Verpflichtungen enthalten, sind unzulässig. Gesetzliche Vertreter und Gesellschafter einer Wirtschaftsprüfungsgesellschaft, die nicht Wirtschaftsprüfer sind, und Mitglieder des Aufsichtsrats der Wirtschaftsprüfungsgesellschaft dürfen auf die Durchführung von Abschlußprüfungen nicht in einer Weise Einfluß nehmen, die die Unabhängigkeit des verantwortlichen Wirtschaftsprüfers beeinträchtigt.

(2) Die Eigenverantwortlichkeit wird nicht schon dadurch ausgeschlossen, daß für gesetzliche Vertreter von Wirtschaftsprüfungsgesellschaften und für bei Wirtschaftsprüfern oder Wirtschaftsprüfungsgesellschaften angestellte Wirtschaftsprüfer eine Mitzeichnung durch einen anderen Wirtschaftsprüfer oder bei genossenschaftlichen Prüfungsverbänden, Prüfungsstellen von Sparkassen- und Giroverbänden oder überörtlichen Prüfungseinrichtungen für Körperschaften und Anstalten des öffentlichen Rechts durch einen zeichnungsberechtigten Vertreter des Prüfungsverbandes, der Prüfungsstelle oder der Prüfungseinrichtung vereinbart ist.

-

§ 44a Wirtschaftsprüfer im öffentlich-rechtlichen Dienst- oder Amtsverhältnis

Ist ein Wirtschaftsprüfer ein öffentlich-rechtliches Dienstverhältnis als Wahlbeamter auf Zeit oder ein öffentlich-rechtliches Amtsverhältnis eingegangen, so darf er seinen Beruf als Wirtschaftsprüfer nicht ausüben, es sei denn, daß er die ihm übertragene Aufgabe ehrenamtlich wahrnimmt. Die Wirtschaftsprüferkammer kann dem Wirtschaftsprüfer auf seinen Antrag einen Vertreter bestellen oder ihm gestatten, seinen Beruf selbst auszuüben, wenn die Einhaltung der allgemeinen Berufspflichten dadurch nicht gefährdet wird.

-

§ 44b Gemeinsame Berufsausübung, Außen- und Scheinsozietät

(1) Wirtschaftsprüfer dürfen ihren Beruf mit natürlichen und juristischen Personen sowie mit Personengesellschaften, die der Berufsaufsicht einer Berufskammer eines freien Berufes im Geltungsbereich dieses Gesetzes unterliegen und ein Zeugnisverweigerungsrecht nach § 53 Abs. 1 Satz 1 Nr. 3 der Strafprozeßordnung haben, örtlich und überörtlich in Gesellschaften bürgerlichen Rechts (Sozietäten) gemeinsam ausüben. Mit Rechtsanwälten, die zugleich Notare sind, darf eine Sozietät nur bezogen auf die anwaltliche Berufsausübung eingegangen werden. Im Übrigen richtet sich die Verbindung mit Rechtsanwälten, die zugleich Notare sind, nach den Bestimmungen und Anforderungen des notariellen Berufsrechts.

(2) Eine gemeinsame Berufsausübung mit natürlichen und juristischen Personen sowie mit Personengesellschaften, die in einem ausländischen Staat als sachverständige Prüfer ermächtigt oder bestellt sind, ist zulässig, wenn die Voraussetzungen für ihre Ermächtigung oder Bestellung den Vorschriften dieses Gesetzes im wesentlichen entsprechen und sie in dem ausländischen Staat ihren Beruf gemeinsam mit Wirtschaftsprüfern ausüben dürfen. Eine gemeinsame Berufsausübung ist weiter zulässig

mit Rechtsanwälten, Patentanwälten und Steuerberatern anderer Staaten, wenn diese einen nach Ausbildung und Befugnissen der Bundesrechtsanwaltsordnung, der Patentanwaltsordnung oder dem Steuerberatungsgesetz entsprechenden Beruf ausüben und mit Rechtsanwälten, Patentanwälten oder Steuerberatern im Geltungsbereich dieses Gesetzes ihren Beruf in Sozietäten ausüben dürfen. Absatz 1 Satz 2 und 3 gilt entsprechend.

(3) Die Wirtschaftsprüferkammer hat ein Einsichtsrecht in die Verträge über die gemeinsame Berufsausübung. Erforderliche Auskünfte sind auf Verlangen zu erteilen.

(4) Berufsangehörige dürfen ihren Beruf in Sozietäten mit Personen im Sinne von Absatz 1 Satz 1, die selbst nicht als Berufsangehörige oder als vereidigte Buchprüfer oder vereidigte Buchprüferin bestellt oder als Wirtschaftsprüfungsgesellschaft oder Buchprüfungsgesellschaft anerkannt sind, nur dann ausüben, wenn sie der Wirtschaftsprüferkammer bei Aufnahme einer solchen Tätigkeit nachweisen, dass ihnen auch bei gesamtschuldnerischer Inanspruchnahme der nach § 54 vorgeschriebene Versicherungsschutz für jeden Versicherungsfall uneingeschränkt zur Verfügung steht.

(5) Wirtschaftsprüfer haben die gemeinsame Berufsausübung unverzüglich zu beenden, wenn sie auf Grund des Verhaltens eines Mitglieds der Sozietät ihren beruflichen Pflichten nicht mehr uneingeschränkt nachkommen können.

(6) Wird eine gemeinsame Berufsausübung im Sinne des Absatzes 1 kundgemacht, sind die Vorschriften der Absätze 4 und 5 entsprechend anzuwenden.

-

§ 45 Prokuristen

Wirtschaftsprüfer sollen als Angestellte von Wirtschaftsprüfungsgesellschaften die Rechtsstellung von Prokuristen haben. Angestellte Wirtschaftsprüfer gelten als leitende Angestellte im Sinne des § 5 Abs. 3 des Betriebsverfassungsgesetzes.

-

§ 46 Beurlaubung

(1) Wirtschaftsprüfer, die vorübergehend eine mit dem Beruf unvereinbare Tätigkeit aufnehmen wollen, können auf Antrag von der Wirtschaftsprüferkammer beurlaubt werden.

(2) Sie dürfen während der Zeit ihrer Beurlaubung die Tätigkeit als Wirtschaftsprüfer nicht ausüben und die Bezeichnung "Wirtschaftsprüfer" nicht führen. Die Beurlaubung soll zunächst höchstens für ein Jahr gewährt und jeweils höchstens um ein Jahr verlängert werden. Die Gesamtzeit der Beurlaubung soll drei aufeinanderfolgende Jahre nicht überschreiten.

-

§ 47 Zweigniederlassungen

Zweigniederlassungen müssen jeweils von wenigstens einem Wirtschaftsprüfer geleitet werden, der seine berufliche Niederlassung am Ort der Zweigniederlassung hat. Für Zweigniederlassungen von in eigener Praxis tätigen Wirtschaftsprüfern kann die Wirtschaftsprüferkammer Ausnahmen zulassen.

-

§ 48 Siegel

(1) Wirtschaftsprüfer und Wirtschaftsprüfungsgesellschaften sind verpflichtet, ein Siegel zu benutzen, wenn sie Erklärungen abgeben, die den Berufsangehörigen gesetzlich vorbehalten sind. Sie können ein Siegel führen, wenn sie in ihrer Berufseigenschaft Erklärungen über Prüfungsergebnisse abgeben oder Gutachten erstatten.
(2) Die Wirtschaftsprüferkammer trifft im Rahmen der Berufssatzung die näheren Bestimmungen über die Gestaltung des Siegels und die Führung des Siegels.
-

§ 49 Versagung der Tätigkeit

Der Wirtschaftsprüfer hat seine Tätigkeit zu versagen, wenn sie für eine pflichtwidrige Handlung in Anspruch genommen werden soll oder die Besorgnis der Befangenheit bei der Durchführung eines Auftrages besteht.
-

§ 50 Verschwiegenheitspflicht der Gehilfen

Der Wirtschaftsprüfer hat seine Gehilfen und Mitarbeiter, soweit sie nicht bereits durch Gesetz zur Verschwiegenheit verpflichtet sind, zur Verschwiegenheit zu verpflichten.
-

§ 51 Mitteilung der Ablehnung eines Auftrages

Der Wirtschaftsprüfer, der einen Auftrag nicht annehmen will, hat die Ablehnung unverzüglich zu erklären. Er hat den Schaden zu ersetzen, der aus einer schuldhaften Verzögerung dieser Erklärung entsteht.
-

§ 51a Pflicht zur Übernahme der Beratungshilfe

Wirtschaftsprüfer und vereidigte Buchprüfer sind verpflichtet, die in dem Beratungshilfegesetz vorgesehene Beratungshilfe zu übernehmen. Sie können die Beratungshilfe im Einzelfall aus wichtigem Grund ablehnen.
-

§ 51b Handakten

(1) Der Wirtschaftsprüfer muß durch Anlegung von Handakten ein zutreffendes Bild über die von ihm entfaltete Tätigkeit geben können.
(2) Der Wirtschaftsprüfer hat die Handakten auf die Dauer von zehn Jahren nach Beendigung des Auftrags aufzubewahren. Diese Verpflichtung erlischt jedoch schon vor Beendigung dieses Zeitraums, wenn der Wirtschaftsprüfer den Auftraggeber aufgefordert hat, die Handakten in Empfang zu nehmen, und der Auftraggeber dieser Aufforderung binnen sechs Monaten, nachdem er sie erhalten hat, nicht nachgekommen ist.
(3) Der Wirtschaftsprüfer kann seinem Auftraggeber die Herausgabe der Handakten

31

verweigern, bis er wegen seiner Vergütung und Auslagen befriedigt ist. Dies gilt nicht, soweit die Vorenthaltung der Handakten oder einzelner Schriftstücke nach den Umständen unangemessen wäre.

(4) Handakten im Sinne der Absätze 2 und 3 sind nur die Schriftstücke, die der Wirtschaftsprüfer aus Anlaß seiner beruflichen Tätigkeit von dem Auftraggeber oder für ihn erhalten hat, nicht aber der Briefwechsel zwischen dem Wirtschaftsprüfer und seinem Auftraggeber, die Schriftstücke, die dieser bereits in Urschrift oder Abschrift erhalten hat, sowie die zu internen Zwecken gefertigten Arbeitspapiere. Der Wirtschaftsprüfer hat in den Arbeitspapieren, die Abschlussprüfungen im Sinn des § 316 des Handelsgesetzbuchs betreffen, auch die zur Überprüfung seiner Unabhängigkeit im Sinn des § 319 Abs. 2 bis 5 und des § 319a des Handelsgesetzbuchs ergriffenen Maßnahmen, seine Unabhängigkeit gefährdende Umstände und ergriffene Schutzmaßnahmen schriftlich zu dokumentieren.

(4a) Der Wirtschaftsprüfer, der eine Konzernabschlussprüfung durchführt, hat der Wirtschaftsprüferkammer auf deren schriftliche Aufforderung die Unterlagen über die Arbeit von Abschlussprüfern oder Abschlussprüfungsgesellschaften im Sinn des § 3 Abs. 1 Satz 1, die in den Konzernabschluss einbezogene Tochterunternehmen prüfen, zu übergeben, soweit diese nicht gemäß § 134 Abs. 1 eingetragen sind oder eine Vereinbarung zur Zusammenarbeit gemäß § 57 Abs. 9 Satz 5 Nr. 3 nicht besteht. Erhält der Wirtschaftsprüfer keinen Zugang zu den Unterlagen über die Arbeit von Abschlussprüfern oder Abschlussprüfungsgesellschaften aus Drittländern, sind der Versuch ihrer Erlangung und die Hindernisse zu dokumentieren und der Wirtschaftsprüferkammer auf deren schriftliche Aufforderung die Gründe dafür mitzuteilen.

(5) Die Absätze 1 bis 4a gelten entsprechend, soweit sich der Wirtschaftsprüfer zum Führen von Handakten der elektronischen Datenverarbeitung bedient. In anderen Gesetzen getroffene Regelungen über die Pflichten zur Aufbewahrung von Geschäftsunterlagen bleiben unberührt.

-

§ 52 Werbung

Werbung ist zulässig, es sei denn, sie ist unlauter.

-

§ 53 Wechsel des Auftraggebers

Berufsangehörige dürfen keine widerstreitenden Interessen vertreten; sie dürfen insbesondere in einer Sache, in der sie oder eine Person oder eine Personengesellschaft, mit der sie ihren Beruf gemeinsam ausüben, bereits tätig waren, für andere Auftraggebende nur tätig werden, wenn die bisherigen und die neuen Auftraggebenden einverstanden sind.

-

§ 54 Berufshaftpflichtversicherung

(1) Selbständige Wirtschaftsprüfer, Wirtschaftsprüfungsgesellschaften und Partnerschaftsgesellschaften mit beschränkter Berufshaftung nach § 8 Absatz 4 des Partnerschaftsgesellschaftsgesetzes sind verpflichtet, eine Berufshaftpflichtversicherung zur Deckung der sich aus ihrer Berufstätigkeit ergebenden Haftpflichtgefahren für

32

Vermögensschäden abzuschließen und die Versicherung während der Dauer ihrer Bestellung oder Anerkennung aufrechtzuerhalten. Die Mindestversicherungssumme für den einzelnen Versicherungsfall muß den in § 323 Abs. 2 Satz 1 des Handelsgesetzbuchs bezeichneten Umfang betragen. Zuständige Stelle im Sinne des § 117 Abs. 2 des Versicherungsvertragsgesetzes ist die Wirtschaftsprüferkammer.

(2) Die Wirtschaftprüferkammer erteilt Dritten zur Geltendmachung von Schadensersatzansprüchen auf Antrag Auskunft über den Namen, die Adresse und die Versicherungsnummer der Berufshaftpflichtversicherung des Wirtschaftsprüfers oder der Wirtschaftsprüfungsgesellschaft, soweit der Wirtschaftsprüfer oder die Wirtschaftsprüfungsgesellschaft kein überwiegendes schutzwürdiges Interesse an der Nichterteilung der Auskunft hat.

(3) Die Wirtschaftsprüferkammer trifft im Rahmen der Berufssatzung die näheren Bestimmungen über den Versicherungsinhalt, Regelungen über zulässige Versicherungsausschlüsse wie etwa für Ersatzansprüche bei wissentlicher Pflichtverletzung, den Versicherungsnachweis, das Anzeigeverfahren und die Überwachung der Versicherungspflicht.

-

§ 54a Vertragliche Begrenzung von Ersatzansprüchen

(1) Der Anspruch des Auftraggebers aus dem zwischen ihm und dem Wirtschaftsprüfer bestehenden Vertragsverhältnis auf Ersatz eines fahrlässig verursachten Schadens kann beschränkt werden

1.
durch schriftliche Vereinbarung im Einzelfall bis zur Mindesthöhe der Deckungssumme nach § 54 Abs. 1 Satz 2;

2.
durch vorformulierte Vertragsbedingungen auf den vierfachen Betrag der Mindesthöhe der Deckungssumme nach § 54 Abs. 1 Satz 2, wenn insoweit Versicherungsschutz besteht.

(2) Die persönliche Haftung von Mitgliedern einer Sozietät (§ 44b) auf Schadensersatz kann auch durch vorformulierte Vertragsbedingungen auf einzelne namentlich bezeichnete Mitglieder der Sozietät beschränkt werden, die die vertragliche Leistung erbringen sollen.

Fußnote

(+++ § 54a: Zur Anwendung vgl. § 139a F ab 31.8.1998 +++)

-

§ 55 Vergütung

(1) Der Wirtschaftsprüfer darf für Tätigkeiten nach § 2 Abs. 1 und 3 Nr. 1 und 3 keine Vereinbarung schließen, durch welche die Höhe der Vergütung vom Ergebnis seiner Tätigkeit als Wirtschaftsprüfer abhängig gemacht wird. Für Tätigkeiten nach § 2 Abs. 2 gilt dies, soweit § 55a nichts anderes bestimmt. Die Vergütung für gesetzlich vorgeschriebene Abschlussprüfungen darf über Satz 1 hinaus nicht an weitere Bedingungen geknüpft sein und sie darf auch nicht von der Erbringung zusätzlicher Leistungen für das geprüfte Unternehmen beeinflusst oder bestimmt sein. Besteht zwischen der erbrachten Leistung

und der vereinbarten Vergütung ein erhebliches Missverhältnis, muss der Wirtschaftsprüferkammer auf Verlangen nachgewiesen werden können, dass für die Prüfung eine angemessene Zeit aufgewandt und qualifiziertes Personal eingesetzt wurde.
(2) Die Abgabe und Entgegennahme eines Teils der Vergütung oder sonstiger Vorteile für die Vermittlung von Aufträgen, gleichviel ob im Verhältnis zu einem Wirtschaftsprüfer oder Dritten, ist unzulässig.
(3) Die Abtretung von Vergütungsforderungen oder die Übertragung ihrer Einziehung an Berufsangehörige, an Berufsgesellschaften oder an Berufsausübungsgemeinschaften ist auch ohne Zustimmung der auftraggebenden Person zulässig; diese sind in gleicher Weise zur Verschwiegenheit verpflichtet wie die beauftragte Person. Satz 1 gilt auch bei einer Abtretung oder Übertragung an Berufsangehörige anderer freier Berufe, die einer entsprechenden gesetzlichen Verschwiegenheitspflicht unterliegen. Die Abtretung von Vergütungsforderungen oder die Übertragung ihrer Einziehung an andere Personen ist entweder bei rechtskräftiger Feststellung der Vergütungsforderung oder mit Zustimmung der auftraggebenden Person zulässig.

-

§ 55a Erfolgshonorar für Hilfeleistung in Steuersachen

(1) Vereinbarungen, durch die eine Vergütung für eine Hilfeleistung in Steuersachen oder ihre Höhe vom Ausgang der Sache oder vom Erfolg der Tätigkeit des Wirtschaftsprüfers abhängig gemacht wird oder nach denen der Wirtschaftsprüfer einen Teil der zu erzielenden Steuerermäßigung, Steuerersparnis oder Steuervergütung als Honorar erhält (Erfolgshonorar), sind unzulässig, soweit nachfolgend nichts anderes bestimmt ist. Vereinbarungen, durch die der Wirtschaftsprüfer sich verpflichtet, Gerichtskosten, Verwaltungskosten oder Kosten anderer Beteiligter zu tragen, sind unzulässig.
(2) Ein Erfolgshonorar darf nur für den Einzelfall und nur dann vereinbart werden, wenn der Auftraggeber aufgrund seiner wirtschaftlichen Verhältnisse bei verständiger Betrachtung ohne die Vereinbarung eines Erfolgshonorars von der Rechtsverfolgung abgehalten würde.
(3) Die Vereinbarung bedarf der Textform. Sie muss als Vergütungsvereinbarung oder in vergleichbarer Weise bezeichnet werden, von anderen Vereinbarungen mit Ausnahme der Auftragserteilung deutlich abgesetzt sein und darf nicht in der Vollmacht enthalten sein. Die Vereinbarung muss enthalten:

1.

    die erfolgsunabhängige Vergütung, zu der der Wirtschaftsprüfer bereit wäre, den Auftrag zu übernehmen, sowie

2.

    die Angabe, welche Vergütung bei Eintritt welcher Bedingungen verdient sein soll.
(4) In der Vereinbarung sind außerdem die wesentlichen Gründe anzugeben, die für die Bemessung des Erfolgshonorars bestimmend sind. Ferner ist ein Hinweis aufzunehmen, dass die Vereinbarung keinen Einfluss auf die gegebenenfalls vom Auftraggeber zu zahlenden Gerichtskosten, Verwaltungskosten und die von ihm zu erstattenden Kosten anderer Beteiligter hat.
(5) Aus einer Vergütungsvereinbarung, die nicht den Anforderungen der Absätze 2 und 3 entspricht, erhält der Wirtschaftsprüfer keine höhere als eine nach den Vorschriften des bürgerlichen Rechts bemessene Vergütung. Die Vorschriften des bürgerlichen Rechts über die ungerechtfertigte Bereicherung bleiben unberührt.

§ 55b Qualitätssicherungssystem

Der Wirtschaftsprüfer oder die Wirtschaftsprüferin hat die Regelungen, die zur Einhaltung der Berufspflichten erforderlich sind, zu schaffen sowie ihre Anwendung zu überwachen und durchzusetzen (Qualitätssicherungssystem). Das Qualitätssicherungssystem ist zu dokumentieren.

-

§ 55c Transparenzbericht

(1) Berufsangehörige in eigener Praxis und Wirtschaftsprüfungsgesellschaften, die im Jahr mindestens eine Abschlussprüfung eines Unternehmens von öffentlichem Interesse (§ 319a Abs. 1 Satz 1 des Handelsgesetzbuchs) durchführen, haben jährlich spätestens drei Monate nach Ende des Kalenderjahres einen Transparenzbericht auf der jeweiligen Internetseite zu veröffentlichen. Dieser muss mindestens beinhalten:

1.
eine Beschreibung der Rechtsform und der Eigentumsverhältnisse;

2.
sofern die Einbindung in ein Netzwerk vorliegt, eine Beschreibung dessen organisatorischer und rechtlicher Struktur;

3.
eine Beschreibung des internen Qualitätssicherungssystems sowie eine Erklärung des oder der Berufsangehörigen oder des Geschäftsführungsorgans zur Durchsetzung des internen Qualitätssicherungssystems;

4.
das Ausstellungsdatum der letzten Teilnahmebescheinigung (§ 57a Abs. 6 Satz 7);

5.
eine Liste der in Satz 1 genannten Unternehmen, bei denen im vorangegangenen Kalenderjahr eine gesetzlich vorgeschriebene Abschlussprüfung durchgeführt wurde;

6.
eine Erklärung über die Maßnahmen zur Wahrung der Unabhängigkeit einschließlich der Bestätigung, dass eine interne Überprüfung der Einhaltung von Unabhängigkeitsanforderungen stattgefunden hat;

7.
Informationen über die Vergütungsgrundlagen der Organmitglieder und leitenden Angestellten.

Darüber hinaus muss der Transparenzbericht von in Satz 1 genannten Wirtschaftsprüfungsgesellschaften Folgendes beinhalten:

1.
eine Beschreibung der Leitungsstruktur (Geschäftsführungs- und Aufsichtsorgane);

2.
eine Erklärung darüber, wie die Gesellschaft ihre Berufsangehörigen zur Erfüllung der Fortbildungspflicht anhält (interne Fortbildungsgrundsätze und -maßnahmen);

3.
Finanzinformationen, welche die Bedeutung der Gesellschaft widerspiegeln, in Form

des im Sinne des § 285 Nr. 17 des Handelsgesetzbuchs nach Honoraren aufgeschlüsselten Gesamtumsatzes.
(2) Der Transparenzbericht ist von dem oder der Berufsangehörigen oder von der Wirtschaftsprüfungsgesellschaft in einer den §§ 126, 126a des Bürgerlichen Gesetzbuchs entsprechenden Form zu unterzeichnen. Die Wirtschaftsprüferkammer ist von dem oder der Verpflichteten nach Absatz 1 Satz 1 über die elektronische Veröffentlichung zu unterrichten; ist keine elektronische Veröffentlichung des Transparenzberichtes möglich, kann der Transparenzbericht bei der Wirtschaftsprüferkammer hinterlegt und auf Nachfrage von Dritten dort eingesehen werden.
-

§ 56 Anwendung der Vorschriften über die Rechte und Pflichten der Wirtschaftsprüfer auf Wirtschaftsprüfungsgesellschaften

(1) § 43, § 43a Abs. 3 und 4, § 44b, §§ 49 bis 53, § 54a, §§ 55a und 55b gelten sinngemäß für Wirtschaftsprüfungsgesellschaften sowie für Vorstandsmitglieder, Geschäftsführer, Partner und persönlich haftende Gesellschafter einer Wirtschaftsprüfungsgesellschaft, die nicht Wirtschaftsprüfer sind.
(2) Die Mitglieder der durch Gesetz, Satzung oder Gesellschaftsvertrag vorgesehenen Aufsichtsorgane der Gesellschaften sind zur Verschwiegenheit verpflichtet.

Vierter Teil
Organisation des Berufs

-

§ 57 Aufgaben der Wirtschaftsprüferkammer

(1) Die Wirtschaftsprüferkammer erfüllt die ihr durch Gesetz zugewiesenen Aufgaben; sie hat die beruflichen Belange der Gesamtheit ihrer Mitglieder zu wahren und die Erfüllung der beruflichen Pflichten zu überwachen.
(2) Der Wirtschaftsprüferkammer obliegt insbesondere:

1.
   die Mitglieder in Fragen der Berufspflichten zu beraten und zu belehren;
2.
   auf Antrag bei Streitigkeiten unter den Mitgliedern zu vermitteln;
3.
   auf Antrag bei Streitigkeiten zwischen Mitgliedern und ihren Auftraggebern zu vermitteln;
4.
   die Erfüllung der den Mitgliedern obliegenden Pflichten zu überwachen und das Recht der Rüge zu handhaben;
5.
   (weggefallen)
6.
   in allen die Gesamtheit der Mitglieder berührenden Angelegenheiten die Auffassung der Wirtschaftsprüferkammer den zuständigen Gerichten, Behörden und Organisationen gegenüber zur Geltung zu bringen;

7.

Gutachten zu erstatten, die ein Gericht oder eine Verwaltungsbehörde oder eine an der Gesetzgebung beteiligte Körperschaft des Bundes oder Landes anfordert;

8.

die durch Gesetz zugewiesenen Aufgaben im Bereich der Berufsbildung wahrzunehmen;

9.

(weggefallen)

10.

die berufliche Fortbildung der Mitglieder und Ausbildung des Berufsnachwuchses zu fördern;

11.

die Vorschlagsliste der ehrenamtlichen Beisitzer bei den Berufsgerichten den Landesjustizverwaltungen und dem Bundesministerium der Justiz einzureichen;

12.

das Berufsregister zu führen;

13.

Fürsorgeeinrichtungen für Wirtschaftsprüfer und vereidigte Buchprüfer sowie deren Hinterbliebene zu schaffen;

14.

ein System der Qualitätskontrolle zu betreiben;

15.

Wirtschaftsprüfer sowie vereidigte Buchprüfer zu bestellen, Wirtschaftsprüfungsgesellschaften sowie Buchprüfungsgesellschaften anzuerkennen und Bestellungen sowie Anerkennungen zurückzunehmen oder zu widerrufen;

16.

eine selbstständige Prüfungsstelle einzurichten und zu unterhalten;

17.

die ihr als Bundesberufskammer gesetzlich eingeräumten Befugnisse im Rahmen der Geldwäschebekämpfung wahrzunehmen.

(3) Die Wirtschaftsprüferkammer kann nach Anhörung der Arbeitsgemeinschaft für das wirtschaftliche Prüfungswesen eine Satzung über die Rechte und Pflichten bei der Ausübung der Berufe des Wirtschaftsprüfers und des vereidigten Buchprüfers (Berufssatzung) erlassen; die Berufssatzung wird vom Beirat der Wirtschaftsprüferkammer beschlossen. Die Satzung tritt drei Monate nach Übermittlung an das Bundesministerium für Wirtschaft und Technologie in Kraft, soweit nicht das Bundesministerium für Wirtschaft und Technologie die Satzung oder Teile derselben aufhebt. Für Änderungen der Berufssatzung gelten die Sätze 1 und 2 entsprechend.

(4) Die Berufssatzung kann im Rahmen der Vorschriften dieses Gesetzes näher regeln:

1.

Allgemeine Berufspflichten

a)

Unabhängigkeit, Gewissenhaftigkeit, Verschwiegenheit, Eigenverantwortlichkeit;

b)

berufswürdiges Verhalten;

c)

Wechsel des Auftraggebers und Verbot der Vertretung widerstreitender Interessen;

d)

    vereinbare und unvereinbare Tätigkeiten;

e)

    Inhalt, Umfang und Nachweis der Berufshaftpflichtversicherung nach § 54 Abs. 3;

f)

    Vereinbarung und Abrechnung der Vergütung der beruflichen Tätigkeit und deren Beitreibung;

g)

    Umgang mit fremden Vermögenswerten;

h)

    Ausbildung des Berufsnachwuchses sowie der Fachgehilfen in steuer- und wirtschaftsberatenden Berufen;

i)

    Siegelgestaltung (Form, Größe, Art und Beschriftung) und Siegelführung nach § 48 Abs. 2;

j)

    Verbot der Mitwirkung bei unbefugter Hilfeleistung in Steuersachen;

k)

    Verbot der Verwertung von Berufsgeheimnissen;

l)

    Art, Umfang und Nachweis der allgemeinen Fortbildungspflicht nach § 43 Abs. 2 Satz 4, wobei der Umfang der vorgeschriebenen Teilnahme an Fortbildungsveranstaltungen 20 Stunden im Jahr nicht überschreiten darf.

2.

Besondere Berufspflichten bei der Durchführung von Prüfungen und der Erstattung von Gutachten

a)

    Unbefangenheit, Unparteilichkeit und Versagung der Tätigkeit;

b)

    Ausschluß als Prüfer oder Gutachter.

3.

Besondere Berufspflichten

a)

    im Zusammenhang mit der Annahme, Wahrnehmung und Beendigung eines Auftrags und bei der Nachfolge im Mandat;

b)

    bei der Führung von Handakten;

c)

    bei der gemeinsamen Berufsausübung;

d)

    bei der Errichtung und Tätigkeit von Berufsgesellschaften;

e)

    bei grenzüberschreitender Tätigkeit;

f)

    gegenüber Gerichten, Behörden, der Wirtschaftsprüferkammer und anderen Mitgliedern der Wirtschaftsprüferkammer;

g)

    im Zusammenhang mit der Beratungshilfe.

38

4.

Die abschließende Bestimmung der Kriterien zur Beschreibung der Vergütungsgrundlagen im Sinne von § 55c Abs. 1 Satz 2 Nr. 7.

5.

Besondere Berufspflichten zur Sicherung der Qualität der Berufsarbeit (§ 55b).

(5) Die Wirtschaftsprüferkammer kann die in Absatz 2 Nr. 1 bis 3 bezeichneten Aufgaben einzelnen Mitgliedern des Vorstandes übertragen; weitere Aufgaben können Abteilungen im Sinne des § 59a übertragen werden. Im Falle des Absatzes 2 Nr. 4 zweite Alternative entscheidet der Vorstand über den Einspruch (§ 63 Abs. 5 Satz 2).

(6) Soweit nicht die Zuständigkeit der Abschlussprüferaufsichtskommission nach § 66a Abs. 8 gegeben ist, leistet die Wirtschaftsprüferkammer einer für die Bestellung, Anerkennung, Berufsaufsicht und Qualitätskontrolle zuständigen Stelle in einem anderen Mitgliedstaat der Europäischen Union oder Vertragsstaat des Abkommens über den Europäischen Wirtschaftsraum Amtshilfe, soweit dies für die Wahrnehmung der genannten Aufgaben der zuständigen Stelle im Einzelfall erforderlich ist. Ist die Erledigung einer Anfrage innerhalb einer angemessenen Frist nicht möglich, teilt die Wirtschaftsprüferkammer dies unter Angabe von Gründen mit. Die Wirtschaftsprüferkammer lehnt es ab, auf eine Anfrage eigene Ermittlungen durchzuführen, wenn

1.

aufgrund derselben Handlung und gegen dieselbe Person in Deutschland bereits ein berufsgerichtliches Verfahren anhängig ist oder

2.

gegen die betreffende Person aufgrund derselben Handlung in Deutschland bereits ein rechtskräftiges Urteil ergangen ist. Macht die Wirtschaftsprüferkammer von ihrem Recht nach Satz 3 Gebrauch, so teilt sie dies unverzüglich der ersuchenden Stelle unter Angabe der Gründe mit und übermittelt genaue Informationen über das berufsgerichtliche Verfahren oder das rechtskräftige Urteil.

(7) Die Wirtschaftsprüferkammer darf Informationen, einschließlich personenbezogener Daten, an die in Absatz 6 Satz 1 genannten Stellen auf Ersuchen übermitteln, soweit die Kenntnis der Informationen zur Wahrnehmung der in Absatz 6 Satz 1 genannten Aufgaben der zuständigen Stelle im Einzelfall erforderlich ist. Informationen, die einer Geheimhaltungspflicht unterliegen, dürfen nur übermittelt werden, wenn zusätzlich sichergestellt ist, dass sie bei diesen Stellen in gleicher Weise geheim gehalten werden. Bei der Übermittlung personenbezogener Daten ist auf den Zweck hinzuweisen, für den die Daten übermittelt werden. Die Übermittlung von Informationen einschließlich personenbezogener Daten unterbleibt, soweit hierdurch die öffentliche Sicherheit oder Ordnung beeinträchtigt werden könnte.

(8) Soweit nicht die Zuständigkeit der Abschlussprüferaufsichtskommission nach § 66a Abs. 10 gegeben ist, arbeitet die Wirtschaftsprüferkammer mit den für die Bestellung, Anerkennung, Berufsaufsicht und Qualitätskontrolle zuständigen Stellen anderer als der in Absatz 6 Satz 1 genannten Staaten zusammen, soweit dies für die Wahrnehmung der jeweiligen Aufgabe der zuständigen Stelle im Einzelfall erforderlich ist. Absatz 6 Satz 2 bis 4 gilt entsprechend.

(9) Die Wirtschaftsprüferkammer darf Informationen, einschließlich personenbezogener Daten, an die in Absatz 8 Satz 1 genannten Stellen auf Ersuchen übermitteln, soweit die Kenntnis der Informationen zur Wahrnehmung der in Absatz 8 Satz 1 genannten Aufgaben der zuständigen Stelle im Einzelfall erforderlich ist. Informationen, die einer Geheimhaltungspflicht unterliegen, dürfen nur übermittelt werden, wenn zusätzlich

sichergestellt ist, dass sie bei diesen Stellen in gleicher Weise geheim gehalten werden. Für die Übermittlung personenbezogener Daten an die zuständige Stelle nach Absatz 8 Satz 1 gelten § 4b Abs. 2 bis 6 und § 4c des Bundesdatenschutzgesetzes entsprechend. Die Übermittlung von Informationen, einschließlich personenbezogener Daten, unterbleibt, soweit hierdurch die öffentliche Sicherheit oder Ordnung beeinträchtigt werden könnte. Legt die zuständige Stelle begründet dar, dass sie mit der Erledigung durch die Wirtschaftsprüferkammer nicht einverstanden ist, kann die Wirtschaftsprüferkammer unter den Voraussetzungen der Sätze 1 bis 4 Arbeitsunterlagen und andere Dokumente auf Anforderung der zuständigen Stelle an diese herausgeben, wenn

1.

diese Arbeitsunterlagen oder Dokumente sich auf Prüfungen von Unternehmen beziehen, die Wertpapiere in diesem Drittstaat ausgegeben haben oder Teile eines Konzerns sind, der in diesem Staat einen Konzernabschluss vorlegt,

2.

die zuständige Stelle die Anforderungen erfüllt, auf die in Artikel 47 Abs. 3 der Richtlinie 2006/43/EG des Europäischen Parlaments und des Rates vom 17. Mai 2006 über Abschlussprüfungen von Jahresabschlüssen und konsolidierten Abschlüssen (ABl. EU Nr. L 157 S. 87) Bezug genommen wird und die von der Kommission der Europäischen Gemeinschaften als angemessen erklärt wurden,

3.

auf der Grundlage der Gegenseitigkeit eine Vereinbarung zur Zusammenarbeit zwischen der Wirtschaftsprüferkammer und der jeweiligen Stelle getroffen wurde.

-

§ 57a Qualitätskontrolle

(1) Berufsangehörige in eigener Praxis und Wirtschaftsprüfungsgesellschaften sind verpflichtet, sich einer Qualitätskontrolle zu unterziehen, wenn sie beabsichtigen, gesetzlich vorgeschriebene Abschlussprüfungen durchzuführen, und dafür spätestens bei Annahme des Prüfungsauftrages eine nach § 319 Abs. 1 Satz 3 des Handelsgesetzbuchs erforderliche Teilnahmebescheinigung oder Ausnahmegenehmigung vorliegen muss. Zur Vermeidung von Härtefällen kann die Wirtschaftsprüferkammer auf Antrag befristete Ausnahmegenehmigungen erteilen. Die Ausnahmegenehmigung kann wiederholt erteilt werden.
(2) Die Qualitätskontrolle dient der Überwachung, ob die Regelungen zur Qualitätssicherung nach Maßgabe der gesetzlichen Vorschriften und der Berufssatzung insgesamt und bei der Durchführung einzelner Aufträge eingehalten werden. Sie erstreckt sich auf betriebswirtschaftliche Prüfungen im Sinne von § 2 Abs. 1, bei denen das Siegel geführt wird oder zu führen ist.
(3) Die Qualitätskontrolle wird durch bei der Wirtschaftsprüferkammer registrierte Wirtschaftsprüfer in eigener Praxis oder Wirtschaftsprüfungsgesellschaften (Prüfer für Qualitätskontrolle) durchgeführt. Ein Wirtschaftsprüfer ist auf Antrag zu registrieren, wenn er

1.

seit mindestens drei Jahren als Wirtschaftsprüfer bestellt und dabei im Bereich der Abschlussprüfung tätig gewesen ist;

2.

über Kenntnisse in der Qualitätssicherung verfügt;

3.

in den letzten fünf Jahren nicht berufsgerichtlich wegen der Verletzung einer Berufspflicht verurteilt worden ist, die seine Eignung als Prüfer für Qualitätskontrolle ausschließt;

4.

nach erstmaliger Registrierung eine spezielle Fortbildung über die Qualitätssicherung nachweisen kann. Der Nachweis muss spätestens bei Annahme eines Auftrags zur Durchführung der Qualitätskontrolle geführt sein.

Die Registrierung setzt für einen Wirtschaftsprüfer in eigener Praxis voraus, dass er über eine wirksame Bescheinigung nach Absatz 6 Satz 7 verfügt. Eine Wirtschaftsprüfungsgesellschaft ist auf Antrag zu registrieren, wenn mindestens ein Vorstandsmitglied, Geschäftsführer, persönlich haftender Gesellschafter oder Partner nach Satz 2 registriert ist und die Gesellschaft die Voraussetzung nach Satz 3 erfüllt. Wird einer Wirtschaftsprüfungsgesellschaft der Auftrag zur Durchführung einer Qualitätskontrolle erteilt, so muss der für die Qualitätskontrolle verantwortliche Wirtschaftsprüfer entweder dem Personenkreis nach Satz 4 angehören oder Gesellschafter der Wirtschaftsprüfungsgesellschaft und nach Satz 2 registriert sein. Sind als Prüfer für Qualitätskontrolle registrierte Berufsangehörige, welche die Voraussetzung von Satz 3 nicht erfüllen, in eigener Praxis und in sonstiger Weise tätig, dürfen sie keine Qualitätskontrolle in eigener Praxis durchführen.

(4) Ein Wirtschaftsprüfer oder eine Wirtschaftsprüfungsgesellschaft darf nicht Prüfer für Qualitätskontrolle sein, wenn kapitalmäßige, finanzielle oder persönliche Bindungen zum zu prüfenden Wirtschaftsprüfer oder zur zu prüfenden Wirtschaftsprüfungsgesellschaft oder sonstige Umstände, welche die Besorgnis der Befangenheit (§ 49 zweite Alternative) begründen, bestehen. Ferner sind wechselseitige Prüfungen ausgeschlossen.

(5) Der Prüfer für Qualitätskontrolle hat das Ergebnis der Qualitätskontrolle in einem Bericht (Qualitätskontrollbericht) zusammenzufassen. Der Qualitätskontrollbericht muss enthalten

1.

die Nennung der Kommission für Qualitätskontrolle und des oder der Geprüften als Empfänger oder Empfängerinnen des Berichts,

2.

eine Beschreibung von Gegenstand, Art und Umfang der Prüfung,

3.

eine nach Prüfungsart gegliederte Angabe der Stundenanzahl,

4.

die Zusammensetzung und Qualifikation der Prüfer und Prüferinnen für Qualitätskontrolle und

5.

eine Beurteilung des Prüfungsergebnisses;

zum Inhalt und zur Vereinheitlichung des Aufbaus des Qualitätskontrollberichts können weitere Bestimmungen getroffen werden (§ 57c Abs. 2 Nr. 6). Sind vom Prüfer für Qualitätskontrolle keine wesentlichen Mängel im Qualitätssicherungssystem oder Prüfungshemmnisse festgestellt worden, hat er zu erklären, dass das in der Prüfungspraxis eingeführte Qualitätssicherungssystem im Einklang mit den gesetzlichen und satzungsmäßigen Anforderungen steht und mit hinreichender Sicherheit eine ordnungsgemäße Abwicklung von Prüfungsaufträgen nach § 2 Abs. 1, bei denen das Berufssiegel verwendet wird, gewährleistet. Sind wesentliche Mängel im Qualitätssicherungssystem oder Prüfungshemmnisse festgestellt worden, so hat der

Prüfer für Qualitätskontrolle seine Erklärung nach Satz 3 einzuschränken oder zu versagen. Die Einschränkung oder die Versagung sind zu begründen. Im Falle der Einschränkung aufgrund festgestellter wesentlicher Mängel im Qualitätssicherungssystem hat der Prüfer für Qualitätskontrolle Empfehlungen zur Beseitigung der Mängel zu geben. (6) Die zu kontrollierende Person reicht bei der Kommission für Qualitätskontrolle bis zu drei Vorschläge für mögliche Prüfer oder Prüferinnen für Qualitätskontrolle ein. Die eingereichten Vorschläge müssen jeweils um eine Unabhängigkeitsbestätigung des Prüfers oder der Prüferin für Qualitätskontrolle nach Maßgabe der Satzung für Qualitätskontrolle ergänzt sein (§ 57c Abs. 2 Nr. 7). Von den Vorschlägen kann die Kommission für Qualitätskontrolle in angemessener Frist und unter Angabe der Gründe einzelne oder alle ablehnen (Widerspruchsrecht); die Absicht, Vorschläge abzulehnen, ist innerhalb von vier Wochen seit Einreichung der zu kontrollierenden Person mitzuteilen, ansonsten gelten die Vorschläge als anerkannt. Bei Ablehnung aller Vorschläge kann die zu kontrollierende Person bis zu drei neue Vorschläge einreichen; die Sätze 2 und 3 finden Anwendung. Der Prüfer oder die Prüferin für Qualitätskontrolle wird von der zu kontrollierenden Person eigenverantwortlich beauftragt. Nach Abschluss der Prüfung leitet der Prüfer oder die Prüferin für Qualitätskontrolle eine Ausfertigung des Qualitätskontrollberichts der Wirtschaftsprüferkammer unverzüglich zu; dies soll in elektronischer Form geschehen. Nach Eingang des Qualitätskontrollberichts bescheinigt die Wirtschaftsprüferkammer dem Wirtschaftsprüfer oder der Wirtschaftsprüferin in eigener Praxis oder der Wirtschaftsprüfungsgesellschaft die Teilnahme an der Qualitätskontrolle. Die Bescheinigung ist auf sechs Jahre und bei Berufsangehörigen, die gesetzliche Abschlussprüfungen bei Unternehmen von öffentlichem Interesse (§ 319a Abs. 1 Satz 1 des Handelsgesetzbuchs) durchführen, auf drei Jahre zu befristen. Sie wird nicht erteilt, wenn die Qualitätskontrolle unter Verstoß gegen Absatz 3 Satz 1 und 5 oder Absatz 4 durchgeführt oder die Erklärung nach Absatz 5 Satz 3 versagt wurde. Erkennt die Wirtschaftsprüferkammer, dass eine Teilnahmebescheinigung nicht erteilt werden soll, so ist der Vorgang vor Entscheidungsbekanntgabe der Abschlussprüferaufsichtskommission vorzulegen. Auf die Durchführung von Abschlussprüfungen nach Absatz 1 Satz 1 kann jederzeit verzichtet werden; eine erhaltene Teilnahmebescheinigung ist in diesem Fall zurückzugeben.
(7) Ein Auftrag zur Durchführung der Qualitätskontrolle kann nur aus wichtigem Grund gekündigt werden. Als wichtiger Grund ist es nicht anzusehen, wenn Meinungsverschiedenheiten über den Inhalt des Qualitätskontrollberichts bestehen. Der Prüfer für Qualitätskontrolle hat über das Ergebnis seiner bisherigen Prüfung und den Kündigungsgrund zu berichten. Der Bericht nach Satz 3 ist von dem Wirtschaftsprüfer in eigener Praxis oder der Wirtschaftsprüfungsgesellschaft im Falle einer späteren Qualitätskontrolle dem nächsten Prüfer für Qualitätskontrolle vorzulegen.
(8) Der Qualitätskontrollbericht ist sieben Jahre nach Eingang in der Wirtschaftsprüferkammer zu vernichten. Im Falle eines anhängigen Rechtsstreits über Maßnahmen der Kommission für Qualitätskontrolle verlängert sich die in Satz 1 bestimmte Frist bis zur Rechtskraft des Urteils.
-

§ 57b Verschwiegenheitspflicht und Verantwortlichkeit

(1) Der Prüfer für Qualitätskontrolle und seine Gehilfen, die Mitglieder der Kommission für Qualitätskontrolle (§ 57e) und die Bediensteten der Wirtschaftsprüferkammer sind, auch nach Beendigung ihrer Tätigkeit, verpflichtet, über die ihnen im Rahmen der

Qualitätskontrolle bekannt gewordenen Angelegenheiten Verschwiegenheit zu bewahren.
(2) Für die Mitglieder der Kommission für Qualitätskontrolle und die Bediensteten der Wirtschaftsprüferkammer gilt § 64 Abs. 2 entsprechend. Der Genehmigung bedarf auch die Vorlegung oder Auslieferung von Schriftstücken durch die Wirtschaftsprüferkammer an Gerichte oder Behörden. Die Genehmigung erteilt in den Fällen der Sätze 1 und 2 die Kommission für Qualitätskontrolle. Sie kann nur erteilt werden, wenn der Beschuldigte den geprüften Wirtschaftsprüfer, die geprüfte Wirtschaftsprüfungsgesellschaft oder den Prüfer für Qualitätskontrolle von der Pflicht zur Verschwiegenheit entbunden hat.
(3) Soweit dies zur Durchführung der Qualitätskontrolle erforderlich ist, ist die Pflicht zur Verschwiegenheit nach Absatz 1, § 43 Abs. 1 Satz 1, § 64 Abs. 1 dieses Gesetzes und § 323 Abs. 1 Satz 1 des Handelsgesetzbuchs sowie die Pflicht zur Verschwiegenheit der Personen, die den Beruf gemeinsam mit dem Wirtschaftsprüfer in eigener Praxis ausüben, eingeschränkt.
(4) § 323 des Handelsgesetzbuchs gilt vorbehaltlich des Absatzes 3 entsprechend.

§ 57c Satzung für Qualitätskontrolle

(1) Die Wirtschaftsprüferkammer erlässt eine Satzung für Qualitätskontrolle; die Satzung wird vom Beirat der Wirtschaftsprüferkammer beschlossen. Die Satzung und deren Änderungen bedürfen zu ihrer Wirksamkeit der Genehmigung des Bundesministeriums für Wirtschaft und Technologie im Einvernehmen mit dem Bundesministerium der Justiz.
(2) Die Satzung für Qualitätskontrolle hat im Rahmen der Vorschriften dieses Gesetzes näher zu regeln:

1.
   die Voraussetzungen und das Verfahren der Registrierung der Prüfer für Qualitätskontrolle nach § 57a Abs. 3 sowie nach § 63f Abs. 2 des Gesetzes betreffend die Erwerbs- und Wirtschaftsgenossenschaften;
2.
   Ausschlussgründe des Prüfers für Qualitätskontrolle nach § 57a Abs. 4;
3.
   das Verfahren nach den §§ 57a ff. innerhalb der Wirtschaftsprüferkammer;
4.
   die Berechnung der Frist nach § 57a Abs. 6 Satz 8;
5.
   die Maßnahmen der Kommission für Qualitätskontrolle;
6.
   weitere Bestimmungen nach § 57a Abs. 5 Satz 2;
7.
   Bestimmungen zu Inhalt und Aufbau der Unabhängigkeitsbestätigung nach § 57a Abs. 6 Satz 2;
8.
   Umfang und Inhalt der speziellen Fortbildungsverpflichtung nach § 57a Abs. 3 Satz 2 Nr. 4 sowie das Verfahren zum Nachweis der Erfüllung dieser Verpflichtung.

§ 57d Mitwirkungspflichten

Wirtschaftsprüfer in eigener Praxis, Wirtschaftsprüfungsgesellschaften sowie die Personen, die den Beruf gemeinsam mit diesen ausüben, sind verpflichtet, dem Prüfer Zutritt zu den Praxisräumen zu gewähren, Aufklärungen zu geben sowie die verlangten Nachweise vorzulegen, soweit dies für eine sorgfältige Prüfung erforderlich ist. Die Mitwirkung kann nicht im Wege des Verwaltungszwangs nach § 57e Abs. 3 erzwungen werden.

-

§ 57e Kommission für Qualitätskontrolle

(1) In der Wirtschaftsprüferkammer wird eine Kommission für Qualitätskontrolle eingerichtet. Mitglieder der Kommission für Qualitätskontrolle sind Wirtschaftsprüfer und vereidigte Buchprüfer, die auf Vorschlag des Vorstands vom Beirat gewählt werden; mindestens ein Mitglied soll im genossenschaftlichen Prüfungswesen erfahren und tätig sein. Sie sind unabhängig und nicht weisungsgebunden. Die Kommission für Qualitätskontrolle ist innerhalb der Wirtschaftsprüferkammer zuständig für alle Angelegenheiten der Qualitätskontrolle im Sinne von § 57a, soweit nicht die Abschlussprüferaufsichtskommission zuständig ist. Ihr obliegt insbesondere:

1.

   Ausnahmegenehmigungen nach § 57a Abs. 1 Satz 2 zu erteilen;

2.

   Prüfer für Qualitätskontrolle nach § 57a Abs. 3 zu registrieren;

3.

   Qualitätskontrollberichte entgegenzunehmen;

4.

   Bescheinigungen über die Teilnahme an der Qualitätskontrolle zu erteilen und zu widerrufen;

5.

   über Maßnahmen nach den Absätzen 2 und 3 zu entscheiden;

6.

   Widersprüche gegen Entscheidungen im Zusammenhang mit der Qualitätskontrolle zu bescheiden.

(2) Liegen Mängel bei Berufsangehörigen in eigener Praxis oder bei einer Wirtschaftsprüfungsgesellschaft vor, wurden Verletzungen von Berufsrecht, die auf Mängeln des Qualitätssicherungssystems beruhen, festgestellt oder wurde die Qualitätskontrolle nicht nach Maßgabe der §§ 57a bis 57d und der Satzung für Qualitätskontrolle durchgeführt, kann die Kommission für Qualitätskontrolle Auflagen zur Beseitigung der Mängel erteilen oder eine Sonderprüfung anordnen; werden Auflagen erteilt, sind diese in einer von der Kommission für Qualitätskontrolle vorgegebenen Frist umzusetzen, und es ist von dem oder der Geprüften hierüber unverzüglich ein schriftlicher Bericht vorzulegen. Sie kann bestimmen, dass mit der Sonderprüfung ein anderer Prüfer oder eine andere Prüferin für Qualitätskontrolle beauftragt wird. Stellt die Kommission für Qualitätskontrolle fest, dass die Erklärung nach § 57a Abs. 5 Satz 3 zu versagen war, widerruft sie die Bescheinigung nach § 57a Abs. 6 Satz 7. Die Bescheinigung ist auch dann zu widerrufen, wenn die Prüfung entgegen den Verboten des § 57a Abs. 4 erfolgte. Wurde die Erklärung nach § 57a Abs. 5 Satz 3 zu Unrecht versagt, kann die Kommission für Qualitätskontrolle entgegen § 57a Abs. 6 Satz 9 die Bescheinigung erteilen. Wurde die

Qualitätskontrolle unter schwerwiegendem Verstoß gegen die in Satz 1 genannten Vorschriften durchgeführt, stellt die Kommission für Qualitätskontrolle fest, dass die Pflicht nach § 57a Abs. 1 Satz 1 nicht erfüllt ist und widerruft die Bescheinigung nach § 57a Abs. 6 Satz 7. Der Wirtschaftsprüfer oder die Wirtschaftsprüferin oder die Wirtschaftsprüfungsgesellschaft ist vor Erlass von Maßnahmen nach den Sätzen 1 bis 6 anzuhören. Erkennt die Wirtschaftsprüferkammer, dass eine Bescheinigung nach § 57a Abs. 6 Satz 7 widerrufen werden soll, so ist der Vorgang vor Entscheidungsbekanntgabe der Abschlussprüferaufsichtskommission vorzulegen.

(3) Befolgt ein Wirtschaftsprüfer oder eine Wirtschaftsprüfungsgesellschaft Maßnahmen nach Absatz 2 einschließlich der Aushändigung der Bescheinigung nach § 57a Abs. 6 Satz 7 nicht, kann die Kommission für Qualitätskontrolle ein Zwangsgeld bis zu 25.000 Euro verhängen. Werden trotz wiederholter Festsetzung eines Zwangsgeldes Auflagen und sonstige Maßnahmen nach Absatz 2 nicht fristgerecht oder nicht vollständig umgesetzt, ist die Bescheinigung nach § 57a Abs. 6 Satz 7 zu widerrufen.

(4) Die Kommission für Qualitätskontrolle hat den Vorstand der Wirtschaftsprüferkammer zu unterrichten, wenn ein Widerruf der Bestellung als Wirtschaftsprüfer oder der Anerkennung als Wirtschaftsprüfungsgesellschaft in Betracht zu ziehen ist. Die mitgeteilten Tatsachen dürfen im Rahmen eines berufsaufsichtlichen Verfahrens nach den §§ 61a ff. und dem Sechsten Teil dieses Gesetzes nicht verwertet werden.

(5) Verletzungen des Berufsrechts, die zu einer Maßnahme nach den Absätzen 2 und 3 geführt haben, können nicht Gegenstand eines berufsaufsichtlichen Verfahrens sein.

(6) Die Absätze 2 bis 4 gelten entsprechend, wenn sich außerhalb einer Qualitätskontrolle im Sinne des § 57a Anhaltspunkte für Mängel im Qualitätssicherungssystem eines Wirtschaftsprüfers oder einer Wirtschaftsprüfungsgesellschaft ergeben. Die Kommission für Qualitätskontrolle ist dabei an die im Verfahren nach § 62b getroffenen Feststellungen gebunden.

-

§ 57f (weggefallen)

-

-

§ 57g Freiwillige Qualitätskontrolle

§ 57a Abs. 2 bis 6, §§ 57b bis 57f gelten entsprechend für die freiwillige Durchführung einer Qualitätskontrolle bei Wirtschaftsprüfern in eigener Praxis und Wirtschaftsprüfungsgesellschaften.

-

§ 57h Qualitätskontrolle bei Prüfungsstellen der Sparkassen- und Giroverbände

(1) § 57a Abs. 1 Satz 1, Abs. 3 bis 5, Abs. 6 Satz 1 bis 9, Abs. 7 bis 8, §§ 57b bis 57d, § 66a Abs. 1 Satz 1, Abs. 3 Satz 1 bis 3, Abs. 5 Satz 1, Abs. 6 Satz 5, §§ 66b und 136 gelten entsprechend für die Qualitätskontrolle bei Prüfungsstellen der Sparkassen- und Giroverbände, soweit diese Mitglieder der Wirtschaftsprüferkammer sind und das Landesrecht hinsichtlich der Verpflichtung zur Durchführung der Qualitätskontrolle nichts anderes vorsieht. Maßstab und Reichweite der Qualitätskontrolle werden in

entsprechender Anwendung von § 57a Abs. 2 durch die nach Landesrecht zuständige Aufsichtsbehörde bestimmt. § 57e Abs. 2 findet mit der Maßgabe entsprechende Anwendung, dass die Kommission für Qualitätskontrolle nicht über belastende Maßnahmen gegenüber den Prüfungsstellen entscheidet, sondern der nach Landesrecht zuständigen Aufsichtsbehörde unverzüglich die Tatsachen und Schlussfolgerungen mitteilt, die Grundlage solcher Maßnahmen sein können. Erkennt die Wirtschaftsprüferkammer, dass eine Teilnahmebescheinigung nach § 57a Abs. 6 Satz 7 widerrufen oder eine Teilnahmebescheinigung nach § 57a Abs. 6 Satz 9 nicht erteilt werden soll, so sind § 57a Abs. 6 Satz 10 und § 57e Abs. 2 Satz 8 mit der Maßgabe anzuwenden, dass der Vorgang der nach Landesrecht zuständigen Aufsichtsbehörde zur Entscheidung vorzulegen ist.
(2) Prüfer für Qualitätskontrolle können im Falle des Absatzes 1 auch Prüfungsstellen der Sparkassen- und Giroverbände sein. Eine Prüfungsstelle ist auf Antrag nach § 57a Abs. 3 zu registrieren, wenn der Leiter der Prüfungsstelle nach § 57a Abs. 3 Satz 2 registriert ist und die Prüfungsstelle die Voraussetzung nach § 57a Abs. 3 Satz 3 erfüllt. Wird einer Prüfungsstelle eines Sparkassen- und Giroverbandes der Auftrag zur Durchführung einer Qualitätskontrolle erteilt, so muss die für die Qualitätskontrolle nach § 57a Abs. 3 Satz 5 verantwortliche berufsangehörige Person der Leiter oder die Leiterin der Prüfungsstelle des Sparkassen- und Giroverbandes sein und nach § 57a Abs. 3 Satz 2 registriert sein.

-

§ 58 Mitgliedschaft

(1) Mitglieder der Wirtschaftsprüferkammer sind die Wirtschaftsprüfer, die nach diesem Gesetz bestellt oder als solche anerkannt sind, und Mitglieder des Vorstandes, nach dem Partnerschaftsgesellschaftsgesetz verbundene Personen, Geschäftsführer oder persönlich haftende Gesellschafter von Wirtschaftsprüfungsgesellschaften, die nicht Wirtschaftsprüfer sind, sowie die anerkannten Wirtschaftsprüfungsgesellschaften. Für beurlaubte Wirtschaftsprüfer ruht die Mitgliedschaft während der Dauer ihrer Beurlaubung. Sie bleiben der Berufsgerichtsbarkeit unterworfen.
(2) Die genossenschaftlichen Prüfungsverbände, die Sparkassen- und Giroverbände für ihre Prüfungsstellen sowie die überörtlichen Prüfungseinrichtungen für öffentliche Körperschaften können die Mitgliedschaft bei der Wirtschaftsprüferkammer erwerben. Die Vorschriften des § 57 Abs. 1 bis 4 sind auf diese Mitglieder nicht anzuwenden.

-

§ 59 Organe, Kammerversammlungen

(1) Organe der Wirtschaftsprüferkammer sind

1.
    der Beirat,
2.
    der Vorstand,
3.
    die Kommission für Qualitätskontrolle.

(2) Die Beiratsmitglieder werden von den Mitgliedern der Wirtschaftsprüferkammer in unmittelbarer, freier und geheimer Briefwahl gewählt. Der Vorstand wird vom Beirat gewählt. Zum Mitglied des Beirates und des Vorstandes kann nur gewählt werden, wer persönlich Mitglied der Wirtschaftsprüferkammer ist. Der Präsident der

Wirtschaftsprüferkammer und der Vorsitzer des Beirats müssen Wirtschaftsprüfer sein.
(3) Die Wahl der Beiratsmitglieder erfolgt getrennt nach Gruppen. Die Gruppe der Wirtschaftsprüfer und Wirtschaftsprüfungsgesellschaften wählt entsprechend der Zahl der Mitglieder der Wirtschaftsprüferkammer, die dieser Gruppe nach dem öffentlichen Berufsregister am 1. Dezember des dem Wahltag vorangehenden Kalenderjahres angehören, eine in der Satzung bestimmte Anzahl von Beiratsmitgliedern. Die Gruppe der anderen stimmberechtigten Mitglieder wählt eine Anzahl von Beiratsmitgliedern, die sich nach der Zahl der stimmberechtigten Mitglieder der Wirtschaftsprüferkammer, die dieser Gruppe an dem in Satz 2 bezeichneten Tag angehören, bemißt. Mindestens eine Zahl von einem Beiratsmitglied mehr als die Hälfte der Zahl aller Beiratsmitglieder muß jedoch von der Gruppe der Wirtschaftsprüfer und Wirtschaftsprüfungsgesellschaften gewählt werden. Satz 1 bis 4 finden auf die Wahl der Vorstandsmitglieder entsprechende Anwendung; die Wahl des Präsidenten der Wirtschaftsprüferkammer erfolgt durch den gesamten Beirat.
(4) Beirat und Vorstand erstatten den Mitgliedern jährlich Bericht. Dazu kann die Wirtschaftsprüferkammer regionale Kammerversammlungen ausrichten. Auf Verlangen des Beirats oder wenn mindestens ein Zwanzigstel der Mitglieder dies schriftlich unter Angabe des zu behandelnden Gegenstandes beantragt, richtet die Wirtschaftsprüferkammer eine Kammerversammlung aus, zu der alle Mitglieder eingeladen werden.
(5) Das Nähere regelt die Wirtschaftsprüferkammer in der Satzung und in der Wahlordnung gemäß § 60 Absatz 1.
-

§ 59a Abteilungen des Vorstandes und der Kommission für Qualitätskontrolle

(1) Der Vorstand kann mehrere Abteilungen bilden, wenn die Satzung der Wirtschaftsprüferkammer es zulässt. Er überträgt den Abteilungen die Geschäfte, die sie selbstständig führen.
(2) Jede Abteilung muss aus mindestens drei Mitgliedern des Vorstandes bestehen. Die Mitglieder der Abteilung wählen aus ihren Reihen einen Abteilungsvorsitzenden und einen Stellvertreter.
(3) Der Vorstand setzt die Zahl der Abteilungen und ihrer Mitglieder fest, überträgt den Abteilungen die Geschäfte und bestimmt die Mitglieder der einzelnen Abteilungen. Jedes Mitglied des Vorstandes kann mehreren Abteilungen angehören. Die Anordnungen können im Laufe der Amtsperiode nur getroffen oder geändert werden, wenn dies wegen Überlastung des Vorstandes, der Abteilung oder infolge Wechsels oder dauernder Verhinderung einzelner Mitglieder der Abteilung erforderlich wird.
(4) Die Abteilungen besitzen innerhalb ihrer Zuständigkeit die Rechte und Pflichten des Vorstandes.
(5) Anstelle der Abteilung entscheidet der Vorstand, wenn er es für angemessen hält oder wenn die Abteilung oder ihr Vorsitzender es beantragt.
(6) Die Kommission für Qualitätskontrolle kann Abteilungen bilden. Die Zuständigkeiten der Abteilungen sind in der Geschäftsordnung der Kommission für Qualitätskontrolle zu regeln. Absatz 1 Satz 2 und die Absätze 2 bis 5 gelten entsprechend. Über Widersprüche (§ 57e Abs. 1 Satz 5 Nr. 6) gegen Beschlüsse von Abteilungen entscheidet die Kommission für Qualitätskontrolle.
-

§ 60 Satzung, Wirtschaftsplan

(1) Die Organisation und Verwaltung der Wirtschaftsprüferkammer, insbesondere die Einrichtung von Landesgeschäftsstellen, werden in der Satzung der Wirtschaftsprüferkammer geregelt, die vom Beirat der Wirtschaftsprüferkammer beschlossen wird. Die Satzung, die Wahlordnung und deren Änderungen bedürfen zu ihrer Wirksamkeit der Genehmigung des Bundesministeriums für Wirtschaft und Technologie.
(2) Die Wirtschaftsprüferkammer legt jährlich ihren Wirtschaftsplan für das darauffolgende Kalenderjahr vor Feststellung dem Bundesministerium für Wirtschaft und Technologie vor. Die auf die Qualitätskontrolle und die Arbeit der Berufsaufsicht und der Abschlussprüferaufsichtskommission bezogenen Teile des Wirtschaftsplans bedürfen der Genehmigung des Bundesministeriums für Wirtschaft und Technologie.

—

§ 61 Beiträge und Gebühren

(1) Die Mitglieder sind verpflichtet, die Beiträge nach Maßgabe der Beitragsordnung zu leisten; die Beitragsordnung kann je nach Tätigkeitsfeld des Mitglieds verschiedene Beiträge vorsehen. Der 2. Abschnitt des Verwaltungskostengesetzes in der bis zum 14. August 2013 geltenden Fassung ist entsprechend anzuwenden. Die Beitragsordnung sowie deren Änderungen bedürfen zu ihrer Wirksamkeit der Genehmigung des Bundesministeriums für Wirtschaft und Technologie. Die Höhe der Beiträge bestimmt der Beirat der Wirtschaftsprüferkammer.
(2) Die Wirtschaftsprüferkammer kann für die Inanspruchnahme von besonderen Einrichtungen oder Tätigkeiten, insbesondere im Zulassungs-, Prüfungs- und Widerspruchsverfahren sowie im Qualitätskontroll- und Berufsaufsichtsverfahren, für die Bestellung und Wiederbestellung als Wirtschaftsprüfer, die Anerkennung als Wirtschaftsprüfungsgesellschaft und die Erteilung von Ausnahmegenehmigungen nach § 28 Abs. 2 und 3, Gebühren nach Maßgabe einer Gebührenordnung erheben. Die Gebührenordnung und deren Änderungen bedürfen der Genehmigung des Bundesministeriums für Wirtschaft und Technologie.
(3) Der Anspruch der Wirtschaftsprüferkammer auf Zahlung von Beiträgen und Gebühren unterliegt der Verjährung. § 20 des Verwaltungskostengesetzes in der bis zum 14. August 2013 geltenden Fassung ist sinngemäß anzuwenden. Beiträge und Gebühren werden nach Maßgabe der Vorschriften des Verwaltungsvollstreckungsgesetzes beigetrieben.

Fünfter Teil
Berufsaufsicht

—

§ 61a Zuständigkeit

Für die Berufsaufsicht ist die Wirtschaftsprüferkammer zuständig. Sie ermittelt

1.

soweit konkrete Anhaltspunkte für einen Verstoß gegen Berufspflichten vorliegen und

2.

bei Berufsangehörigen und Wirtschaftsprüfungsgesellschaften, die gesetzlich

48

vorgeschriebene Abschlussprüfungen bei Unternehmen von öffentlichem Interesse nach § 319a Abs. 1 Satz 1 des Handelsgesetzbuchs durchgeführt haben, stichprobenartig ohne besonderen Anlass (§ 62b) und entscheidet, ob das Rügeverfahren eingeleitet (§ 63) oder ob das Verfahren an die Berufsgerichtsbarkeit abgegeben (§ 84a) wird. Mitteilungen der Prüfstelle nach § 342b Abs. 8 Satz 2 des Handelsgesetzbuchs oder der Bundesanstalt für Finanzdienstleistungsaufsicht nach § 37r Abs. 2 Satz 1 des Wertpapierhandelsgesetzes sind zu berücksichtigen. Beabsichtigen der Vorstand oder die zuständige entscheidungsbefugte Abteilung der Wirtschaftsprüferkammer, ein Verfahren nach Satz 2 einzustellen, weil keine Berufspflichtverletzung vorliegt oder diese keiner Sanktion bedarf, legen sie den Vorgang vor Bekanntgabe der Entscheidung der Abschlussprüferaufsichtskommission vor.

§ 62 Pflicht zum Erscheinen vor der Wirtschaftsprüferkammer; Auskunfts- und Vorlagepflichten; Betretens- und Einsichtsrecht

(1) Persönliche Mitglieder der Wirtschaftsprüferkammer haben in Aufsichts- und Beschwerdesachen vor der Wirtschaftsprüferkammer zu erscheinen, wenn sie zur Anhörung geladen werden. Sie haben dem Vorstand, einer Abteilung im Sinne des § 59a, dem Beirat oder einem Beauftragten des Vorstandes, des Beirates oder eines Ausschusses auf Verlangen Auskunft zu geben und ihre Handakten oder sonstige Unterlagen, die für das Aufsichts- und Beschwerdeverfahren von Bedeutung sein können, vorzulegen.

(2) Die Auskunft und die Vorlage von Unterlagen können verweigert werden, wenn und soweit dadurch die Pflicht zur Verschwiegenheit verletzt würde. Die Auskunft kann verweigert werden, wenn und soweit sich dadurch die Gefahr ergäbe, wegen einer Straftat, einer Ordnungswidrigkeit oder einer Berufspflichtverletzung verfolgt zu werden, und sich das Mitglied hierauf beruft. Auf ein Recht zur Auskunftsverweigerung ist hinzuweisen. Wenn die Auskunft oder die Vorlage von Unterlagen nicht verweigert wurde, besteht die Verpflichtung, richtige und vollständige Auskünfte zu erteilen und richtige und vollständige Unterlagen vorzulegen.

(3) Die richtige und vollständige Auskunft und Vorlage von Unterlagen können nicht von denjenigen persönlichen Mitgliedern der Wirtschaftsprüferkammer verweigert werden, die zur Durchführung gesetzlich vorgeschriebener Abschlussprüfungen befugt sind oder solche ohne diese Befugnis tatsächlich durchführen, wenn die Auskunft und die Vorlage von Unterlagen im Zusammenhang mit der Prüfung eines der gesetzlichen Pflicht zur Abschlussprüfung unterliegenden Unternehmens stehen. Absatz 2 Satz 2 und 3 gilt entsprechend.

(4) Die Angestellten der Wirtschaftsprüferkammer sowie die sonstigen Personen, deren sich die Wirtschaftsprüferkammer bei der Berufsaufsicht bedient, können die Grundstücke und Geschäftsräume von Berufsangehörigen und von Wirtschaftsprüfungsgesellschaften innerhalb der üblichen Betriebs- und Geschäftszeiten betreten und besichtigen, Einsicht in Unterlagen nehmen und hieraus Abschriften und Ablichtungen anfertigen. Die betroffenen Berufsangehörigen und Wirtschaftsprüfungsgesellschaften haben diese Maßnahmen zu dulden.

(5) Die bei Maßnahmen nach den Absätzen 1 bis 4 gegebenen Auskünfte und vorgelegten Unterlagen dürfen nur für Zwecke der der Auskunft und der Vorlage zugrunde liegenden Ermittlungen in Aufsichts- und Beschwerdesachen verwertet werden; sobald die

Unterlagen nicht mehr erforderlich sind, sind sie unverzüglich zurückzugeben.

-

§ 62a Zwangsgeld bei Verletzung von Mitwirkungspflichten

(1) Um persönliche Mitglieder der Wirtschaftsprüferkammer zur Erfüllung ihrer Pflichten nach § 62 Abs. 1 bis 3 anzuhalten, kann die Wirtschaftsprüferkammer gegen sie, auch mehrfach, ein Zwangsgeld festsetzen. Das einzelne Zwangsgeld darf 1.000 Euro nicht übersteigen.

(2) Das Zwangsgeld muss vorher schriftlich angedroht werden. Die Androhung und die Festsetzung des Zwangsgeldes sind den Betroffenen zuzustellen.

(3) Gegen die Androhung und gegen die Festsetzung des Zwangsgeldes kann innerhalb eines Monats nach der Zustellung die Entscheidung des Gerichts (§ 72 Abs. 1) beantragt werden. Der Antrag ist bei der Wirtschaftsprüferkammer schriftlich einzureichen. Erachtet die Wirtschaftsprüferkammer den Antrag für begründet, so hat sie ihm abzuhelfen; anderenfalls hat die Wirtschaftsprüferkammer den Antrag unter Beachtung des § 66a Abs. 5 Satz 2 unverzüglich dem Gericht vorzulegen. Die Vorschriften der Strafprozessordnung über die Beschwerde sind sinngemäß anzuwenden. Die Gegenerklärung wird von der Wirtschaftsprüferkammer abgegeben. Die Staatsanwaltschaft ist an dem Verfahren nicht beteiligt. Der Beschluss des Gerichts kann nicht angefochten werden.

(4) Das Zwangsgeld fließt dem Haushalt der Wirtschaftsprüferkammer zu. Es wird auf Grund einer von ihr erteilten, mit der Bescheinigung der Vollstreckbarkeit versehenen beglaubigten Abschrift des Festsetzungsbescheids entsprechend § 61 Abs. 3 Satz 3 beigetrieben.

-

§ 62b Anlassunabhängige Sonderuntersuchungen

(1) Stichprobenartig und ohne besonderen Anlass durchgeführte berufsaufsichtliche Ermittlungen nach § 61a Satz 2 Nr. 2 bei Berufsangehörigen und Wirtschaftsprüfungsgesellschaften, die gesetzlich vorgeschriebene Abschlussprüfungen bei Unternehmen von öffentlichem Interesse nach § 319a Abs. 1 Satz 1 des Handelsgesetzbuchs durchführen, betreffen diejenigen Berufspflichten, die bei gesetzlich vorgeschriebenen Abschlussprüfungen von Unternehmen im Sinne des § 319a Abs. 1 Satz 1 des Handelsgesetzbuchs einzuhalten sind (Sonderuntersuchungen). Im Falle von Beanstandungen können in die Sonderuntersuchungen andere gesetzlich vorgeschriebene Abschlussprüfungen einbezogen werden. Falls im Zusammenhang mit einer Anfrage gemäß § 57 Absatz 9 Satz 5 eine Sonderuntersuchung durchgeführt wird, können andere Prüfungen bei den in § 57 Absatz 9 Satz 5 Nummer 1 genannten Unternehmen in die Sonderuntersuchungen gemäß Satz 1 einbezogen werden.

(2) § 62 Abs. 1 bis 5 und § 62a gelten entsprechend.

(3) Erkenntnisse aus den Sonderuntersuchungen können zur Entlastung anderer berufsrechtlicher Kontrollen nach den von der Wirtschaftsprüferkammer im Einvernehmen mit der Abschlussprüferaufsichtskommission festgelegten Grundsätzen berücksichtigt werden.

-

50

§ 63 Rügerecht des Vorstandes

(1) Der Vorstand kann das Verhalten eines der Berufsgerichtsbarkeit unterliegenden Mitglieds, durch das dieses ihm obliegende Pflichten verletzt hat, rügen und erforderlichenfalls die Aufrechterhaltung des pflichtwidrigen Verhaltens entsprechend § 68a untersagen; ein Antrag auf Einleitung eines berufsgerichtlichen Verfahrens ist nur dann erforderlich, wenn eine schwere Schuld des Mitglieds vorliegt und eine berufsgerichtliche Maßnahme zu erwarten ist. § 67 Abs. 2 und 3, § 69a und § 83 Abs. 2 gelten entsprechend. Die Rüge kann mit einer Geldbuße von bis zu 50.000 Euro verbunden werden. § 61 Abs. 3 Satz 3 gilt entsprechend. Geldbußen fließen dem Haushalt der Wirtschaftsprüferkammer zu.

(2) Der Vorstand darf eine Rüge nicht mehr erteilen, wenn das berufsgerichtliche Verfahren gegen den Wirtschaftsprüfer oder die Wirtschaftsprüferin eingeleitet ist oder wenn seit der Pflichtverletzung mehr als fünf Jahre vergangen sind; für den Beginn, das Ruhen und eine Unterbrechung der Frist gilt § 70 Abs. 1 Satz 2 und Abs. 2 entsprechend. Eine Rüge darf nicht erteilt werden, während das Verfahren auf den Antrag des Wirtschaftsprüfers nach § 87 anhängig ist.

(3) Bevor die Rüge erteilt wird, ist das Mitglied zu hören.

(4) Der Bescheid des Vorstandes, durch den das Verhalten des Mitgliedes gerügt wird, ist zu begründen. Er ist dem Mitglied zuzustellen. Eine Abschrift des Bescheides ist der Staatsanwaltschaft mitzuteilen.

(5) Gegen den Bescheid kann das Mitglied binnen eines Monats nach der Zustellung bei dem Vorstand Einspruch erheben. Über den Einspruch entscheidet der Vorstand; Absatz 4 ist entsprechend anzuwenden.

(6) Die Wirtschaftsprüferkammer veröffentlicht zusammengefasste Angaben über die von ihr und von den Berufsgerichten verhängten Sanktionsmaßnahmen mindestens einmal jährlich in angemessener Weise.

-

§ 63a Antrag auf berufsgerichtliche Entscheidung

(1) Wird der Einspruch gegen den Rügebescheid durch den Vorstand der Wirtschaftsprüferkammer zurückgewiesen, so kann das Mitglied innerhalb eines Monats nach der Zustellung die Entscheidung des Landgerichts (Kammer für Wirtschaftsprüfersachen) beantragen. Zuständig ist das Landgericht am Sitz der Wirtschaftsprüferkammer. Auf die Besetzung des Gerichts findet § 72 Abs. 2 Satz 2 entsprechende Anwendung.

(2) Der Antrag ist bei dem Landgericht schriftlich einzureichen. Auf das Verfahren sind die Vorschriften der Strafprozeßordnung über die Beschwerde sinngemäß anzuwenden. Die Gegenerklärung (§ 308 Abs. 1 der Strafprozeßordnung) wird von dem Vorstand der Wirtschaftsprüferkammer abgegeben. Die Staatsanwaltschaft ist an dem Verfahren nicht beteiligt. Eine mündliche Verhandlung findet statt, wenn sie das Mitglied beantragt oder das Landgericht für erforderlich hält. Von Zeit und Ort der mündlichen Verhandlung sind der Vorstand der Wirtschaftsprüferkammer, das Mitglied und sein Verteidiger zu benachrichtigen. Art und Umfang der Beweisaufnahme bestimmt das Landgericht. Es hat jedoch zur Erforschung der Wahrheit die Beweisaufnahme von Amts wegen auf alle Tatsachen und Beweismittel zu erstrecken, die für die Entscheidung von Bedeutung sind.

(3) Der Rügebescheid kann nicht deshalb aufgehoben werden, weil der Vorstand der Wirtschaftsprüferkammer zu Unrecht angenommen hat, die Schuld des Mitgliedes sei

gering und der Antrag auf Einleitung des berufsgerichtlichen Verfahrens nicht erforderlich. Treten die Voraussetzungen, unter denen nach § 69a von einer berufsgerichtlichen Ahndung abzusehen ist oder nach § 83 Abs. 2 ein berufsgerichtliches Verfahren nicht eingeleitet oder fortgesetzt werden darf, erst ein, nachdem der Vorstand die Rüge erteilt hat, so hebt das Landgericht den Rügebescheid und erforderlichenfalls auch die Untersagungsverfügung auf. Der Beschluß ist mit Gründen zu versehen. Er kann nicht angefochten werden.

(4) Das Landgericht, bei dem ein Antrag auf berufsgerichtliche Entscheidung eingereicht wird, leitet unverzüglich der Staatsanwaltschaft bei dem Oberlandesgericht eine Abschrift des Antrags zu. Der Staatsanwaltschaft ist auch eine Abschrift des Beschlusses zuzuleiten, mit dem über den Antrag entschieden wird.

(5) Leitet die Staatsanwaltschaft wegen desselben Verhaltens, das der Vorstand der Wirtschaftsprüferkammer gerügt hat, ein berufsgerichtliches Verfahren gegen das Mitglied ein, bevor die Entscheidung über den Antrag auf berufsgerichtliche Entscheidung gegen den Rügebescheid ergangen ist, so wird das Verfahren über den Antrag bis zum rechtskräftigen Abschluß des berufsgerichtlichen Verfahrens ausgesetzt. In den Fällen des § 69 Abs. 2 stellt das Landgericht nach Beendigung der Aussetzung fest, daß die Rüge unwirksam ist.

-

§ 64 Pflicht der Mitglieder des Vorstandes, des Beirates und der Ausschüsse zur Verschwiegenheit

(1) Die Mitglieder des Vorstandes, des Beirates, der Abteilungen und der Ausschüsse haben - auch nach dem Ausscheiden aus dem Vorstand, dem Beirat, der Abteilung oder dem Ausschuß - über die Angelegenheiten, die ihnen bei ihrer Tätigkeit im Vorstand, im Beirat, in der Abteilung oder im Ausschuß über Mitglieder der Wirtschaftsprüferkammer, Bewerber oder andere Personen bekanntwerden, Verschwiegenheit gegen jedermann zu bewahren. Das gleiche gilt für Mitglieder, die zur Mitarbeit im Vorstand, im Beirat, in den Abteilungen oder in den Ausschüssen herangezogen werden, für Mitglieder, die im Verfahren nach § 62 zur Anhörung geladen werden, im Rahmen einer Aufsichts- und Beschwerdesache sowie eines Widerrufsverfahrens um Auskunft gebeten werden oder an einer nichtöffentlichen Verhandlung nach § 99 teilgenommen haben, sowie für Angestellte und sonstige Beauftragte der Wirtschaftsprüferkammer.

(2) In gerichtlichen Verfahren und vor Behörden dürfen die in Absatz 1 bezeichneten Personen über solche Angelegenheiten, die ihnen bei ihrer Tätigkeit im Vorstand, im Beirat, in Abteilungen oder in Ausschüssen über Mitglieder der Wirtschaftsprüferkammer, Bewerber oder andere Personen bekanntgeworden sind, ohne Genehmigung nicht aussagen oder Auskunft geben.

(3) Die Genehmigung erteilt der Vorstand der Wirtschaftsprüferkammer nach pflichtmäßigem Ermessen. Die Genehmigung soll nur versagt werden, wenn Rücksichten auf die Stellung oder die Aufgaben der Wirtschaftsprüferkammer oder berechtigte Belange der Personen, über welche die Tatsachen bekanntgeworden sind, es unabweisbar erfordern. § 28 Abs. 2 des Gesetzes über das Bundesverfassungsgericht bleibt unberührt.

(4) Zur Durchführung von Ermittlungen in Aufsichts- und Beschwerdesachen sowie in Widerrufverfahren sind die in Absatz 1 genannten ehren- und hauptamtlich für die Wirtschaftsprüferkammer tätigen Personen berechtigt, Nichtkammerangehörige um Auskunft zu bitten; diese sind nicht zur Auskunft verpflichtet.

-

§ 65 Arbeitsgemeinschaft für das wirtschaftliche Prüfungswesen

(1) Zur Behandlung von Fragen des wirtschaftlichen Prüfungs- und Treuhandwesens, die gemeinsame Belange der Wirtschaft und der Berufe der Wirtschaftsprüfer und der vereidigten Buchprüfer berühren, bilden der Deutsche Industrie- und Handelskammertag und die Wirtschaftsprüferkammer eine nicht rechtsfähige Arbeitsgemeinschaft für das wirtschaftliche Prüfungswesen (Arbeitsgemeinschaft) mit gemeinsamer Geschäftsstelle.
(2) Die Arbeitsgemeinschaft gibt sich ihre Satzung selbst.

§ 66 Staatsaufsicht

Das Bundesministerium für Wirtschaft und Technologie führt die Aufsicht über die Wirtschaftsprüferkammer einschließlich der Prüfungsstelle und die Abschlussprüferaufsichtskommission. Es hat darüber zu wachen, daß die Wirtschaftsprüferkammer einschließlich der Prüfungsstelle und die Abschlussprüferaufsichtskommission ihre Aufgaben im Rahmen der geltenden Gesetze und Satzungen erfüllen.

§ 66a Abschlussprüferaufsicht

(1) Die "Kommission für die Aufsicht über die Abschlussprüfer in Deutschland" (Abschlussprüferaufsichtskommission) führt eine öffentliche fachbezogene Aufsicht über die Wirtschaftsprüferkammer, soweit diese Aufgaben nach § 4 Abs. 1 Satz 1 erfüllt, die gegenüber Berufsangehörigen und Gesellschaften wahrzunehmen sind, die zur Durchführung gesetzlich vorgeschriebener Abschlussprüfungen befugt sind oder solche ohne diese Befugnis tatsächlich durchführen; § 61a Satz 4 bleibt unberührt. Die Wirtschaftsprüferkammer hat vor dem Erlass von Berufsausübungsregelungen (§ 57 Abs. 3, § 57c) die Stellungnahme der Abschlussprüferaufsichtskommission einzuholen und dem Bundesministerium für Wirtschaft und Technologie vorzulegen.
(2) Die Abschlussprüferaufsichtskommission besteht aus mindestens sechs und höchstens zehn ehrenamtlichen Mitgliedern. Die Mitglieder dürfen in den letzten fünf Jahren vor Ernennung nicht persönliche Mitglieder der Wirtschaftsprüferkammer gewesen sein. Sie sollen insbesondere in den Bereichen Rechnungslegung, Finanzwesen, Wirtschaft, Wissenschaft oder Rechtsprechung tätig sein oder tätig gewesen sein. Die Mitglieder der Abschlussprüferaufsichtskommission werden vom Bundesministerium für Wirtschaft und Technologie für die Dauer von vier Jahren ernannt; eine vorzeitige Abberufung durch das Bundesministerium für Wirtschaft und Technologie ist in begründeten Ausnahmefällen möglich. Die Mitglieder der Abschlussprüferaufsichtskommission wählen ein vorsitzendes und ein stellvertretendes vorsitzendes Mitglied. Die Mitglieder der Abschlussprüferaufsichtskommission sind gegenüber der Wirtschaftsprüferkammer unabhängig und nicht weisungsgebunden.
(3) Die Abschlussprüferaufsichtskommission beaufsichtigt die Wirtschaftsprüferkammer, ob diese ihre in Absatz 1 Satz 1 genannten Aufgaben geeignet, angemessen und verhältnismäßig erfüllt. Die Abschlussprüferaufsichtskommission kann hierzu an Sitzungen der Wirtschaftsprüferkammer teilnehmen und hat ein Informations- und Einsichtsrecht. Die Abschlussprüferaufsichtskommission kann an Qualitätskontrollen teilnehmen. Die Abschlussprüferaufsichtskommission kann die Wirtschaftsprüferkammer beauftragen, bei

Hinweisen auf Berufspflichtverletzungen, bei Anfragen im Rahmen der Zusammenarbeit nach den Absätzen 8 und 9 und stichprobenartig ohne besonderen Anlass berufsaufsichtliche Ermittlungen nach § 61a Satz 2 Nr. 2 durchzuführen. Die Abschlussprüferaufsichtskommission kann an Ermittlungen der Wirtschaftsprüferkammer teilnehmen. Zu ihren Sitzungen kann die Abschlussprüferaufsichtskommission Vertreter oder Vertreterinnen der Wirtschaftsprüferkammer, Berufsangehörige und Dritte als sachverständige Gäste fallweise zur Beratung heranziehen.

(4) Die Abschlussprüferaufsichtskommission kann Entscheidungen der Wirtschaftsprüferkammer unter Angabe der Gründe zur nochmaligen Prüfung an diese zurückverweisen (Zweitprüfung); sie kann bei Nichtabhilfe unter Aufhebung der Entscheidung der Wirtschaftsprüferkammer Weisung erteilen (Letztentscheidung). Die Wirtschaftsprüferkammer ist verpflichtet, den Vorgang in Umsetzung der Weisung abzuschließen. Hält die Wirtschaftsprüferkammer eine Weisung für rechtswidrig, legt sie den Vorgang dem Bundesministerium für Wirtschaft und Technologie vor.

(5) Die Wirtschaftsprüferkammer ist verpflichtet, auf Anforderung der Abschlussprüferaufsichtskommission im Einzelfall oder von sich aus auf Grund genereller von der Abschlussprüferaufsichtskommission festzulegender Kriterien über einzelne, aufsichtsrelevante Vorgänge nach Sachverhaltsaufklärung zeitnah und in angemessener Form zu berichten. Aufsichtsrelevant ist ein Vorgang dann, wenn er von der Wirtschaftsprüferkammer abschließend bearbeitet wurde und eine Entscheidung mit unmittelbarer Rechtswirkung nach außen verfügt werden soll. Ein unmittelbarer oder mittelbarer Bezug zur Durchführung einer gesetzlich vorgeschriebenen Abschlussprüfung ist nicht erforderlich.

(6) Die Abschlussprüferaufsichtskommission gibt sich eine Geschäftsordnung, deren Erlass und Änderungen der Genehmigung des Bundesministeriums für Wirtschaft und Technologie bedürfen. Die Geschäftsordnung kann insbesondere neben den Kriterien nach Absatz 5 Satz 1 auch die Bildung von entscheidungsbefugten Ausschüssen vorsehen. Die Abschlussprüferaufsichtskommission und die Ausschüsse fassen ihre Beschlüsse mit einfacher Mehrheit; § 59a gilt sinngemäß. Die Abschlussprüferaufsichtskommission und deren Ausschüsse können sich bei der Erledigung ihrer Aufgaben der Wirtschaftsprüferkammer bedienen. Die Abschlussprüferaufsichtskommission veröffentlicht jährlich ihr Arbeitsprogramm und einen Tätigkeitsbericht.

(7) Die Kosten, die von der Abschlussprüferaufsichtskommission verursacht werden, sind von der Wirtschaftsprüferkammer zu tragen.

(8) Die Abschlussprüferaufsichtskommission arbeitet in Bezug auf die in Absatz 1 Satz 1 genannten Aufgaben mit den entsprechend zuständigen Stellen in den Mitgliedstaaten der Europäischen Union zusammen, soweit dies für die Wahrnehmung der jeweiligen Aufgabe der zuständigen Stelle im Einzelfall erforderlich ist. § 57 Abs. 6 Satz 2 bis 4 gilt entsprechend.

(9) Hat die Abschlussprüferaufsichtskommission konkrete Hinweise darauf, dass ein Berufsangehöriger oder eine Berufsangehörige aus einem anderen Mitgliedstaat gegen das Recht der Europäischen Gemeinschaften über die Abschlussprüfungen von Jahresabschlüssen und Konzernabschlüssen verstößt, teilt sie diese der zuständigen Stelle des anderen Mitgliedstaats mit. Erhält die Abschlussprüferaufsichtskommission entsprechende Hinweise von der zuständigen Stelle eines anderen Mitgliedstaats in Bezug auf deutsche Berufsangehörige, trifft die Abschlussprüferaufsichtskommission geeignete Maßnahmen und kann der zuständigen Stelle des anderen Mitgliedstaats das Ergebnis mitteilen. Darüber hinaus kann die zuständige Stelle eines anderen

Mitgliedstaats über die Abschlussprüferaufsichtskommission Ermittlungen der Wirtschaftsprüferkammer im Rahmen des § 61a Satz 2 verlangen, bei denen Vertreter der zuständigen Stelle teilnehmen dürfen, wenn diese zur Verschwiegenheit verpflichtet sind. § 57 Abs. 7 Satz 2 bis 4 gilt entsprechend.

(10) Die Abschlussprüferaufsichtskommission arbeitet in Bezug auf die in Absatz 1 Satz 1 genannten Aufgaben mit den entsprechend zuständigen Stellen anderer als in Absatz 8 Satz 1 genannten Staaten zusammen, soweit dies für die Wahrnehmung der jeweiligen Aufgabe der zuständigen Stelle im Einzelfall erforderlich ist oder wenn von diesen Stellen Sonderuntersuchungen oder Ermittlungen erbeten werden. § 57 Abs. 6 Satz 2 bis 4 gilt entsprechend.

(11) § 57 Abs. 9 gilt entsprechend. Abweichend von § 57 Abs. 9 Satz 5 können Berufsangehörige und Prüfungsgesellschaften unter den Voraussetzungen des § 57 Abs. 9 Satz 1 bis 4 selbst Arbeitsunterlagen und andere Dokumente auf Anforderung der zuständigen Stelle an diese Stelle herausgeben, wenn sie die Abschlussprüferaufsichtskommission über die Anfrage informiert haben und die in § 57 Abs. 9 Satz 5 genannten Bedingungen erfüllt sind.

-

§ 66b Verschwiegenheit; Schutz von Privatgeheimnissen

(1) Die Mitglieder der Abschlussprüferaufsichtskommission sind zur Verschwiegenheit verpflichtet; § 66a Abs. 9 und 11 bleibt unberührt. § 64 gilt sinngemäß, eine erforderliche Genehmigung erteilt das Bundesministerium für Wirtschaft und Technologie.

(2) Die Mitglieder der Abschlussprüferaufsichtskommission dürfen, auch nach Beendigung ihrer Tätigkeit, ein fremdes Geheimnis, namentlich ein Geschäfts- oder Betriebsgeheimnis, das ihnen bei ihrer Tätigkeit bekannt geworden ist, nicht offenbaren und nicht verwerten.

Sechster Teil
Berufsgerichtsbarkeit

Erster Abschnitt
Die berufsgerichtliche Ahndung von Pflichtverletzungen

§ 67 Ahndung einer Pflichtverletzung

(1) Gegen einen Wirtschaftsprüfer, der seine Pflichten schuldhaft verletzt, wird eine berufsgerichtliche Maßnahme verhängt.

(2) Ein außerhalb des Berufs liegendes Verhalten eines Wirtschaftsprüfers ist eine berufsgerichtlich zu ahndende Pflichtverletzung, wenn es nach den Umständen des Einzelfalls in besonderem Maße geeignet ist, Achtung und Vertrauen in einer für die Ausübung der Berufstätigkeit oder für das Ansehen des Berufs bedeutsamen Weise zu beeinträchtigen.

(3) Eine berufsgerichtliche Maßnahme kann nicht verhängt werden, wenn der Wirtschaftsprüfer zur Zeit der Tat der Berufsgerichtsbarkeit nicht unterstand.

-

55

§ 68 Berufsgerichtliche Maßnahmen

(1) Die berufsgerichtlichen Maßnahmen sind

1.
Geldbuße bis zu 500.000 Euro,

2.
Verbot, auf bestimmten Tätigkeitsgebieten für die Dauer von einem Jahr bis zu fünf Jahren tätig zu werden,

3.
Berufsverbot von einem bis zu fünf Jahren,

4.
Ausschließung aus dem Beruf.

(2) Die berufsgerichtlichen Maßnahmen der Geldbuße und des Tätigkeits- oder Berufsverbotes können nebeneinander verhängt werden.

-

§ 68a Untersagungsverfügung, Verfahren

(1) Wird gegen Berufsangehörige eine berufsgerichtliche Maßnahme wegen einer Pflichtverletzung, die im Zeitpunkt der Verhängung der Maßnahme noch nicht abgeschlossen ist, verhängt, so kann das Gericht neben der Verhängung der Maßnahme die Aufrechterhaltung des pflichtwidrigen Verhaltens untersagen. Im Falle einer im Zeitpunkt der Verhängung der Maßnahme bereits abgeschlossenen Pflichtverletzung kann das Gericht die künftige Vornahme einer gleichgearteten Pflichtverletzung untersagen, wenn gegen die Betroffenen wegen einer solchen Pflichtverletzung bereits zuvor eine berufsgerichtliche Maßnahme verhängt, ihnen eine Rüge erteilt oder sie von der Wirtschaftsprüferkammer über die Pflichtwidrigkeit ihres Verhaltens belehrt worden waren. Wird das berufsgerichtliche Verfahren nach § 153a der Strafprozessordnung eingestellt, gelten die Sätze 1 und 2 entsprechend.

(2) Handeln die Betroffenen der Untersagung wissentlich zuwider, so ist gegen sie wegen einer jeden Zuwiderhandlung auf Antrag der Staatsanwaltschaft von dem Berufsgericht des ersten Rechtszuges durch Beschluss ein Ordnungsgeld zu verhängen. Das einzelne Ordnungsgeld darf den Betrag von 100.000 Euro nicht übersteigen. Dem Beschluss muss eine entsprechende Androhung vorausgehen, die, wenn sie in dem die Untersagung aussprechenden Urteil nicht enthalten ist, auf Antrag der Staatsanwaltschaft von dem Berufsgericht des ersten Rechtszuges erlassen wird.

(3) Die nach Absatz 2 zu erlassenden Entscheidungen können ohne mündliche Verhandlung ergehen. Vor der Entscheidung ist rechtliches Gehör zu gewähren.

(4) Gegen den Beschluss, durch den das Gericht ein Ordnungsgeld verhängt oder androht, ist die sofortige Beschwerde zulässig. Die Beschwerde hat keine aufschiebende Wirkung. Gegen den Beschluss, durch den das Gericht es ablehnt, ein Ordnungsgeld zu verhängen oder anzudrohen, steht der Staatsanwaltschaft die sofortige Beschwerde zu.

-

§ 69 Rüge und berufsgerichtliche Maßnahme

(1) Der Einleitung eines berufsgerichtlichen Verfahrens gegen einen Wirtschaftsprüfer steht es nicht entgegen, daß der Vorstand der Wirtschaftsprüferkammer ihm bereits wegen

desselben Verhaltens eine Rüge erteilt hat (§ 63). Hat das Landgericht den Rügebescheid aufgehoben (§ 63a), weil es eine schuldhafte Pflichtverletzung nicht festgestellt hat, so kann ein berufsgerichtliches Verfahren wegen desselben Verhaltens nur auf Grund solcher Tatsachen oder Beweismittel eingeleitet werden, die dem Landgericht bei seiner Entscheidung nicht bekannt waren.

(2) Die Rüge wird mit der Rechtskraft eines berufsgerichtlichen Urteils unwirksam, das wegen desselben Verhaltens gegen den Wirtschaftsprüfer ergeht und auf Freispruch oder eine berufsgerichtliche Maßnahme lautet. Die Rüge wird auch unwirksam, wenn rechtskräftig die Eröffnung des Hauptverfahrens abgelehnt ist, weil eine schuldhafte Pflichtverletzung nicht festzustellen ist.

-

§ 69a Anderweitige Ahndung

Ist durch ein Gericht oder eine Behörde eine Strafe, eine Disziplinarmaßnahme, eine anderweitige berufsgerichtliche Maßnahme oder eine Ordnungsmaßnahme verhängt worden, so ist von einer berufsgerichtlichen Ahndung wegen desselben Verhaltens abzusehen, wenn nicht eine berufsgerichtliche Maßnahme zusätzlich erforderlich ist, um den Wirtschaftsprüfer zur Erfüllung seiner Pflichten anzuhalten und das Ansehen des Berufs zu wahren. Der Ausschließung steht eine anderweitig verhängte Strafe oder Maßnahme nicht entgegen.

-

§ 70 Verjährung der Verfolgung einer Pflichtverletzung

(1) Die Verfolgung einer Pflichtverletzung, die nicht eine Maßnahme gemäß § 68 Abs. 1 Nr. 2, 3 oder 4 rechtfertigt, verjährt in fünf Jahren. § 78 Abs. 1, § 78a Satz 1 sowie die §§ 78b und 78c Abs. 1 bis 4 des Strafgesetzbuches gelten entsprechend; der Vernehmung nach § 78c Abs. 1 Satz 1 Nr. 1 des Strafgesetzbuchs steht die erste Anhörung durch die Wirtschaftsprüferkammer (§ 63 Abs. 3) gleich.

(2) Ist vor Ablauf der Verjährungsfrist nach Absatz 1 Satz 1 wegen desselben Sachverhalts ein Strafverfahren eingeleitet worden, ist der Ablauf der Verjährungsfrist für die Dauer des Strafverfahrens gehemmt.

-

§ 71 Vorschriften für Mitglieder der Wirtschaftsprüferkammer, die nicht Wirtschaftsprüfer sind

Die Vorschriften des Fünften und Sechsten Teils gelten entsprechend für Vorstandsmitglieder, Geschäftsführer oder persönlich haftende Gesellschafter einer Wirtschaftsprüfungsgesellschaft, die nicht Wirtschaftsprüfer sind. An die Stelle der Ausschließung aus dem Beruf tritt die Aberkennung der Eignung, eine Wirtschaftsprüfungsgesellschaft zu vertreten und ihre Geschäfte zu führen.

Zweiter Abschnitt
Die Gerichte

-

57

§ 72 Kammer für Wirtschaftsprüfersachen

(1) In dem berufsgerichtlichen Verfahren entscheidet im ersten Rechtszug eine Kammer des Landgerichts (Kammer für Wirtschaftsprüfersachen), in dessen Bezirk die Wirtschaftsprüferkammer ihren Sitz hat.
(2) Die Kammer für Wirtschaftsprüfersachen entscheidet außerhalb der Hauptverhandlung in der Besetzung von drei Mitgliedern mit Einschluß des Vorsitzenden. In der Hauptverhandlung ist sie mit dem Vorsitzenden und zwei Wirtschaftsprüfern als Beisitzern besetzt.
-

§ 73 Senat für Wirtschaftsprüfersachen beim Oberlandesgericht

(1) In dem berufsgerichtlichen Verfahren entscheidet im zweiten Rechtszug ein Senat des Oberlandesgerichts (Senat für Wirtschaftsprüfersachen beim Oberlandesgericht).
(2) Der Senat für Wirtschaftsprüfersachen beim Oberlandesgericht entscheidet außerhalb der Hauptverhandlung in der Besetzung von drei Mitgliedern mit Einschluß des Vorsitzenden. In der Hauptverhandlung wirken außerdem als Beisitzer zwei Wirtschaftsprüfer mit.
-

§ 74 Senat für Wirtschaftsprüfersachen beim Bundesgerichtshof

(1) In dem berufsgerichtlichen Verfahren entscheidet im dritten Rechtszug ein Senat des Bundesgerichtshofes (Senat für Wirtschaftsprüfersachen beim Bundesgerichtshof). Er gilt als Strafsenat im Sinne des § 132 des Gerichtsverfassungsgesetzes.
(2) Der Senat für Wirtschaftsprüfersachen beim Bundesgerichtshof besteht aus einem Vorsitzenden sowie zwei Mitgliedern des Bundesgerichtshofs und zwei Wirtschaftsprüfern als Beisitzer.
-

§ 75 Wirtschaftsprüfer als Beisitzer

(1) Die Beisitzer aus den Reihen der Wirtschaftsprüfer sind ehrenamtliche Richter.
(2) Die ehrenamtlichen Richter werden für die Gerichte des ersten und zweiten Rechtszuges von der Landesjustizverwaltung und für den Bundesgerichtshof von dem Bundesministerium der Justiz auf die Dauer von fünf Jahren berufen. Sie können nach Ablauf ihrer Amtszeit wieder berufen werden.
(3) Die ehrenamtlichen Richter werden den Vorschlagslisten entnommen, die der Vorstand der Wirtschaftsprüferkammer der Landesjustizverwaltung für die Gerichte des ersten und zweiten Rechtszuges und dem Bundesministerium der Justiz für den Bundesgerichtshof einreicht. Die Landesjustizverwaltung und das Bundesministerium der Justiz bestimmen, welche Zahl von Beisitzern für jedes Gericht erforderlich ist; sie haben vorher den Vorstand der Wirtschaftsprüferkammer zu hören. Jede Vorschlagsliste soll mindestens die doppelte Zahl der zu berufenden Wirtschaftsprüfer enthalten.
(4) Scheidet ein ehrenamtlicher Richter vorzeitig aus, so wird für den Rest seiner Amtszeit ein Nachfolger berufen.
(5) § 6 des Einführungsgesetzes zum Gerichtsverfassungsgesetz gilt entsprechend.

58

(6) Die Landesjustizverwaltung und das Bundesministerium der Justiz können einen von ihnen berufenen ehrenamtlichen Richter auf seinen Antrag aus dem Amt entlassen, wenn er aus gesundheitlichen Gründen auf nicht absehbare Zeit gehindert ist, sein Amt ordnungsgemäß auszuüben.

(7) Das Amt eines ehrenamtlichen Richters, der zum ehrenamtlichen Richter bei einem Gericht des höheren Rechtszuges berufen wird, endet mit seiner Ernennung.

-

§ 76 Voraussetzungen für die Berufung zum Beisitzer und Recht zur Ablehnung

(1) Zum ehrenamtlichen Richter kann nur ein Wirtschaftsprüfer berufen werden, der in den Vorstand der Wirtschaftsprüferkammer gewählt werden kann. Er darf als Beisitzer nur für die Kammer für Wirtschaftsprüfersachen, den Senat für Wirtschaftsprüfersachen beim Oberlandesgericht oder den Senat für Wirtschaftsprüfersachen beim Bundesgerichtshof berufen werden.

(2) Die ehrenamtlichen Richter dürfen nicht gleichzeitig dem Vorstand oder dem Beirat der Wirtschaftsprüferkammer angehören oder bei der Wirtschaftsprüferkammer im Haupt- oder Nebenberuf tätig sein.

(3) Die Übernahme des Beisitzeramtes kann ablehnen,

1.

wer das fünfundsechzigste Lebensjahr vollendet hat;

2.

wer in den letzten vier Jahren Mitglied des Vorstandes der Wirtschaftsprüferkammer gewesen ist;

3.

wer in gesundheitlicher Hinsicht beeinträchtigt ist.

-

§ 77 Enthebung vom Amt des Beisitzers

(1) Ein ehrenamtlicher Richter ist auf Antrag der Justizverwaltung, die ihn berufen hat, seines Amtes zu entheben,

1.

wenn nachträglich bekannt wird, daß er nicht hätte zum Beisitzer berufen werden dürfen;

2.

wenn nachträglich ein Umstand eintritt, welcher der Berufung zum Beisitzer entgegensteht;

3.

wenn der Wirtschaftsprüfer seine Amtspflicht als Beisitzer grob verletzt.

(2) Über den Antrag der Landesjustizverwaltung entscheidet ein Zivilsenat des Oberlandesgerichts, über den Antrag des Bundesministeriums der Justiz ein Zivilsenat des Bundesgerichtshofes. Bei der Entscheidung dürfen die Mitglieder der Senate für Wirtschaftsprüfersachen nicht mitwirken.

(3) Vor der Entscheidung ist der ehrenamtliche Richter zu hören. Die Entscheidung ist endgültig.

-

§ 78 Stellung der ehrenamtlichen Richter und Pflicht zur Verschwiegenheit

(1) Die ehrenamtlichen Richter haben in der Sitzung, zu der sie herangezogen werden, die Stellung eines Berufsrichters.
(2) Die ehrenamtlichen Richter haben über Angelegenheiten, die ihnen bei ihrer Tätigkeit bekannt werden, Verschwiegenheit gegen jedermann zu bewahren. § 64 Abs. 2 und 3 ist entsprechend anzuwenden. Die Genehmigung zur Aussage erteilt der Präsident des Gerichts.

-

§ 79 Reihenfolge der Teilnahme an den Sitzungen

(1) Die ehrenamtlichen Richter sind zu den einzelnen Sitzungen in der Reihenfolge einer Liste heranzuziehen, die der Vorsitzende nach Anhörung der beiden ältesten der berufenen ehrenamtlichen Richter vor Beginn des Geschäftsjahres aufstellt.
(2) Für die Entbindung eines ehrenamtlichen Richters von der Dienstleistung an bestimmten Sitzungstagen gilt § 54 des Gerichtsverfassungsgesetzes sinngemäß.

-

§ 80 Entschädigung der ehrenamtlichen Richter

Die ehrenamtlichen Richter erhalten eine Entschädigung nach dem Justizvergütungs- und -entschädigungsgesetz.

Dritter Abschnitt
Verfahrensvorschriften

1.
Allgemeines

-

§ 81 Vorschriften für das Verfahren

Für das berufsgerichtliche Verfahren gelten die nachstehenden Vorschriften sowie § 62 entsprechend.

-

§ 82 Keine Verhaftung des Wirtschaftsprüfers

Der Wirtschaftsprüfer darf zur Durchführung des berufsgerichtlichen Verfahrens weder vorläufig festgenommen noch verhaftet oder vorgeführt werden. Er kann nicht zur Vorbereitung eines Gutachtens über seinen psychischen Zustand in ein psychiatrisches Krankenhaus gebracht werden.

-

§ 82a Verteidigung

(1) Zu Verteidigern im berufsgerichtlichen Verfahren vor dem Landgericht und vor dem Oberlandesgericht können außer den in § 138 Abs. 1 der Strafprozeßordnung genannten Personen auch Wirtschaftsprüfer gewählt werden.
(2) § 140 Abs. 1 Nr. 1 bis 3, 6, 7 und 9 der Strafprozeßordnung ist auf die Verteidigung im berufsgerichtlichen Verfahren nicht anzuwenden.

-

§ 82b Akteneinsicht; Beteiligung der Wirtschaftsprüferkammer

(1) Die Wirtschaftsprüferkammer und die beschuldigte Person sind befugt, die Akten, die dem Gericht vorliegen oder diesem im Falle der Einreichung einer Anschuldigungsschrift vorzulegen wären, einzusehen sowie amtlich verwahrte Beweisstücke zu besichtigen. § 147 Abs. 2 Satz 1, Abs. 3, 5 und 6 der Strafprozessordnung ist insoweit entsprechend anzuwenden.
(2) Der Wirtschaftsprüferkammer sind Ort und Zeit der Hauptverhandlung mitzuteilen; die von dort entsandten Personen erhalten auf Verlangen das Wort. § 99 Abs. 2 Satz 1 bleibt unberührt.

-

§ 83 Verhältnis des berufsgerichtlichen Verfahrens zum Straf- oder Bußgeldverfahren

(1) Wird der Wirtschaftsprüfer im gerichtlichen Verfahren wegen einer Straftat oder einer Ordnungswidrigkeit freigesprochen, so kann wegen der Tatsachen, die Gegenstand der gerichtlichen Entscheidung waren, ein berufsgerichtliches Verfahren nur dann eingeleitet oder fortgesetzt werden, wenn diese Tatsachen, ohne den Tatbestand einer Strafvorschrift oder einer Bußgeldvorschrift zu erfüllen, eine Verletzung der Pflichten des Wirtschaftsprüfers enthalten.
(2) Für die Entscheidung im berufsgerichtlichen Verfahren sind die tatsächlichen Feststellungen des Urteils im Strafverfahren oder Bußgeldverfahren bindend, auf denen die Entscheidung des Gerichts beruht. In dem berufsgerichtlichen Verfahren kann ein Gericht jedoch die nochmalige Prüfung solcher Feststellungen beschließen, deren Richtigkeit seine Mitglieder mit Stimmenmehrheit bezweifeln; dies ist in den Gründen der berufsgerichtlichen Entscheidung zum Ausdruck zu bringen.

-

§ 83a Verhältnis des berufsgerichtlichen Verfahrens zu den Verfahren anderer Berufsgerichtsbarkeiten

(1) Über eine Pflichtverletzung eines Wirtschaftsprüfers, der zugleich der Disziplinar- oder Berufsgerichtsbarkeit eines anderen Berufs untersteht, wird im berufsgerichtlichen Verfahren nur dann entschieden, wenn die Pflichtverletzung überwiegend mit der Ausübung des Berufs des Wirtschaftsprüfers im Zusammenhang steht oder wenn wegen der Schwere der Pflichtverletzung das berufsgerichtliche Verfahren mit dem Ziel der Ausschließung aus dem Beruf eingeleitet worden ist.
(2) Beabsichtigt die Staatsanwaltschaft, gegen einen solchen Wirtschaftsprüfer das berufsgerichtliche Verfahren einzuleiten, so teilt sie dies der Staatsanwaltschaft oder

Behörde mit, die für die Einleitung eines Verfahrens gegen ihn als Angehörigen des anderen Berufs zuständig wäre. Hat die für den anderen Beruf zuständige Staatsanwaltschaft oder Einleitungsbehörde die Absicht, gegen den Wirtschaftsprüfer ein Verfahren einzuleiten, so unterrichtet sie die Staatsanwaltschaft, die für die Einleitung des berufsgerichtlichen Verfahrens zuständig wäre (§ 84).

(3) Hat das Gericht einer Disziplinar- oder Berufsgerichtsbarkeit sich zuvor rechtskräftig für zuständig oder unzuständig erklärt, über die Pflichtverletzung eines Wirtschaftsprüfers, der zugleich der Disziplinar- oder Berufsgerichtsbarkeit eines anderen Berufs untersteht, zu entscheiden, so sind die anderen Gerichte an diese Entscheidung gebunden.

(4) Die Absätze 1 bis 3 sind auf Wirtschaftsprüfer, die in einem öffentlich-rechtlichen Dienst- oder Amtsverhältnis stehen und ihren Beruf als Wirtschaftsprüfer nicht ausüben dürfen (§ 44a), nicht anzuwenden.

-

§ 83b Aussetzung des berufsgerichtlichen Verfahrens

Das berufsgerichtliche Verfahren kann nur ausgesetzt werden, wenn

1.

in einem anderen gesetzlich geregelten Verfahren ein Sachverhalt aufzuklären oder eine Rechtsfrage zu entscheiden ist, ohne deren Beurteilung eine Entscheidung im berufsgerichtlichen Verfahren nicht möglich oder nicht zweckmäßig ist oder

2.

der rechtskräftige Abschluss eines anderen gesetzlich geregelten Verfahrens, in dem über einen Sachverhalt oder eine Rechtsfrage zu entscheiden ist, deren Beurteilung für die Entscheidung im berufsgerichtlichen Verfahren von Bedeutung ist, innerhalb von sechs Monaten zu erwarten ist.

-

§ 83c Wiederaufnahme des berufsgerichtlichen Verfahrens

Die Wiederaufnahme eines rechtskräftig abgeschlossenen berufsgerichtlichen Verfahrens ist zulässig, wenn die tatsächlichen Feststellungen, auf denen die Verurteilung oder der Freispruch im berufsgerichtlichen Verfahren beruht, den Feststellungen in einem strafgerichtlichen Verfahren wegen desselben Verhaltens widersprechen. Den Antrag auf Wiederaufnahme des Verfahrens können die Staatsanwaltschaft oder die betroffenen Berufsangehörigen binnen eines Monats nach Rechtskraft des Urteils im strafgerichtlichen Verfahren stellen.

2.
Das Verfahren im ersten Rechtszug

-

§ 84 Mitwirkung der Staatsanwaltschaft

Die Staatsanwaltschaft bei dem Oberlandesgericht, bei dem der Senat für Wirtschaftsprüfersachen besteht, nimmt in den Verfahren vor der Kammer für Wirtschaftsprüfersachen die Aufgaben der Staatsanwaltschaft wahr.

62

§ 84a Unterrichtung der Staatsanwaltschaft und der Wirtschaftsprüferkammer

(1) Erhalten Wirtschaftsprüferkammer, Gerichte oder Behörden Kenntnis von Tatsachen, die den Verdacht begründen, dass ein Mitglied, das der Berufsgerichtsbarkeit unterliegt,

1. eine schuldhafte, eine berufsgerichtliche Maßnahme nach § 68 Abs. 1 rechtfertigende Pflichtverletzung oder

2. eine Straftat im Zusammenhang mit der Berufsausübung

begangen hat, teilen sie die Tatsachen der nach § 84 zuständigen Staatsanwaltschaft unverzüglich oder nach Ermittlung (§ 61a Satz 2) mit. Der Mitteilung kann eine fachliche Bewertung beigefügt werden. § 57e Abs. 5, § 62 Abs. 5 und § 63 Abs. 4 Satz 3 bleiben unberührt.
(2) Erhält die Staatsanwaltschaft Kenntnis von Tatsachen, die den Verdacht einer schuldhaften, eine berufsgerichtliche Maßnahme nach § 68 Abs. 1 rechtfertigenden Pflichtverletzung eines Mitglieds der Wirtschaftsprüferkammer begründen, das der Berufsgerichtsbarkeit unterliegt, teilt sie die Tatsachen der Wirtschaftsprüferkammer mit und gibt ihr vor der Einleitung eines berufsgerichtlichen Verfahrens Gelegenheit zur Stellungnahme.

§ 85 Einleitung des berufsgerichtlichen Verfahrens

Das berufsgerichtliche Verfahren wird dadurch eingeleitet, daß die Staatsanwaltschaft eine Anschuldigungsschrift bei dem Landgericht einreicht.

§ 86 Gerichtliche Entscheidung über die Einleitung des Verfahrens

(1) Gibt die Staatsanwaltschaft einem Antrag des Vorstandes der Wirtschaftsprüferkammer, gegen einen Wirtschaftsprüfer das berufsgerichtliche Verfahren einzuleiten, keine Folge oder verfügt sie die Einstellung des Verfahrens, so hat sie ihre Entschließung dem Vorstand der Wirtschaftsprüferkammer unter Angabe der Gründe mitzuteilen.
(2) Der Vorstand der Wirtschaftsprüferkammer kann gegen den Bescheid der Staatsanwaltschaft binnen eines Monats nach der Bekanntmachung bei dem Oberlandesgericht die gerichtliche Entscheidung beantragen. Der Antrag muß die Tatsachen, welche die Einleitung des berufsgerichtlichen Verfahrens begründen sollen, und die Beweismittel angeben.
(3) Auf das Verfahren nach Absatz 2 sind die §§ 173 bis 175 der Strafprozeßordnung entsprechend anzuwenden.
(4) § 172 der Strafprozeßordnung ist nicht anzuwenden.

§ 87 Antrag des Wirtschaftsprüfers auf Einleitung des berufsgerichtlichen Verfahrens

(1) Will sich ein der Berufsgerichtsbarkeit unterliegendes Mitglied der Wirtschaftsprüferkammer von dem Verdacht einer Pflichtverletzung befreien, muss dieses bei der Staatsanwaltschaft beantragen, das berufsgerichtliche Verfahren gegen sich einzuleiten. Wegen eines Verhaltens, wegen dessen Zwangsgeld angedroht oder festgesetzt worden ist oder das der Vorstand der Wirtschaftsprüferkammer gerügt hat, kann der Antrag nicht gestellt werden.

(2) Gibt die Staatsanwaltschaft dem Antrag des Wirtschaftsprüfers keine Folge oder verfügt sie die Einstellung des Verfahrens, so hat sie ihre Entschließung dem Wirtschaftsprüfer unter Angabe der Gründe mitzuteilen. Wird in den Gründen eine schuldhafte Pflichtverletzung festgestellt, das berufsgerichtliche Verfahren aber nicht eingeleitet, oder wird offengelassen, ob eine schuldhafte Pflichtverletzung vorliegt, kann der Wirtschaftsprüfer bei dem Oberlandesgericht die gerichtliche Entscheidung beantragen. Der Antrag ist binnen eines Monats nach der Bekanntmachung der Entschließung der Staatsanwaltschaft zu stellen.

(3) Auf das Verfahren vor dem Oberlandesgericht ist § 173 Abs. 1 und 3 der Strafprozeßordnung entsprechend anzuwenden. Das Oberlandesgericht entscheidet durch Beschluß, ob eine schuldhafte Pflichtverletzung des Wirtschaftsprüfers festzustellen ist. Der Beschluß ist mit Gründen zu versehen. Erachtet das Oberlandesgericht den Wirtschaftsprüfer einer berufsgerichtlich zu ahndenden Pflichtverletzung für hinreichend verdächtig, so beschließt es die Einleitung des berufsgerichtlichen Verfahrens. Die Durchführung dieses Beschlusses obliegt der Staatsanwaltschaft.

(4) Erachtet das Oberlandesgericht eine schuldhafte Pflichtverletzung nicht für gegeben, so kann nur auf Grund neuer Tatsachen oder Beweismittel wegen desselben Verhaltens ein Antrag auf Einleitung des berufsgerichtlichen Verfahrens gestellt oder eine Rüge durch den Vorstand der Wirtschaftsprüferkammer erteilt werden.

-

§§ 88 bis 93 (weggefallen)

-

§ 94 Inhalt der Anschuldigungsschrift

In der Anschuldigungsschrift (§ 85 dieses Gesetzes sowie § 207 Abs. 3 der Strafprozeßordnung) ist die dem Wirtschaftsprüfer zur Last gelegte Pflichtverletzung unter Anführung der sie begründenden Tatsachen zu bezeichnen (Anschuldigungssatz). Ferner sind die Beweismittel anzugeben, wenn in der Hauptverhandlung Beweise erhoben werden sollen. Die Anschuldigungsschrift enthält den Antrag, das Hauptverfahren vor der Kammer für Wirtschaftsprüfersachen zu eröffnen.

-

§ 95 Entscheidung über die Eröffnung des Hauptverfahrens

(1) In dem Beschluß, durch den das Hauptverfahren eröffnet wird, läßt die Kammer für Wirtschaftsprüfersachen beim Landgericht die Anschuldigung zur Hauptverhandlung zu.

(2) Der Beschluß, durch den das Hauptverfahren eröffnet worden ist, kann von dem

Wirtschaftsprüfer nicht angefochten werden.

(3) Der Beschluß, durch den die Eröffnung des Hauptverfahrens abgelehnt wird, ist zu begründen. Gegen den Beschluß steht der Staatsanwaltschaft die sofortige Beschwerde zu.

-

§ 96 Rechtskraftwirkung eines ablehnenden Beschlusses

Ist die Eröffnung des Hauptverfahrens durch einen nicht mehr anfechtbaren Beschluß abgelehnt, so kann der Antrag auf Einleitung des berufsgerichtlichen Verfahrens nur auf Grund neuer Tatsachen oder Beweismittel und nur innerhalb von fünf Jahren, seitdem der Beschluß rechtskräftig geworden ist, erneut gestellt werden.

-

§ 97 Zustellung des Eröffnungsbeschlusses

Der Beschluß über die Eröffnung des Hauptverfahrens ist dem Wirtschaftsprüfer spätestens mit der Ladung zuzustellen. Entsprechendes gilt in den Fällen des § 207 Abs. 3 der Strafprozeßordnung für die nachgereichte Anschuldigungsschrift.

-

§ 98 Hauptverhandlung trotz Ausbleibens des Wirtschaftsprüfers

Die Hauptverhandlung kann gegen einen Wirtschaftsprüfer, der nicht erschienen ist, durchgeführt werden, wenn er ordnungsmäßig geladen und in der Ladung darauf hingewiesen ist, daß in seiner Abwesenheit verhandelt werden kann. Eine öffentliche Ladung ist nicht zulässig.

-

§ 99 Nichtöffentliche Hauptverhandlung

(1) Die Hauptverhandlung ist nicht öffentlich. Auf Antrag der Staatsanwaltschaft kann, auf Antrag der betroffenen Berufsangehörigen muss die Öffentlichkeit hergestellt werden. Ferner ist die Hauptverhandlung immer dann öffentlich, wenn die vorgeworfene Pflichtverletzung im Zusammenhang mit der Durchführung einer Prüfung nach § 316 des Handelsgesetzbuchs steht. In den Fällen einer öffentlichen Verhandlung nach Satz 2 oder 3 sind die Vorschriften des Gerichtsverfassungsgesetzes über die Öffentlichkeit sinngemäß anzuwenden.

(2) Zu nichtöffentlichen Verhandlungen ist Vertretern der Landesjustizverwaltung, dem Präsidenten des Oberlandesgerichts oder seinem Beauftragten, den Beamten der Staatsanwaltschaft bei dem Oberlandesgericht, Vertretern des Bundesministeriums für Wirtschaft und Technologie, Vertretern der Wirtschaftsprüferkammer und den Wirtschaftsprüfern der Zutritt gestattet. Die Kammer für Wirtschaftsprüfersachen kann nach Anhörung der Beteiligten auch andere Personen als Zuhörer zulassen.

-

§ 100

(weggefallen)

-

§ 101 Beweisaufnahme durch einen ersuchten Richter

Die Kammer für Wirtschaftsprüfersachen kann ein Amtsgericht um die Vernehmung von Zeugen oder Sachverständigen ersuchen. Der Zeuge oder Sachverständige ist jedoch auf Antrag der Staatsanwaltschaft oder des Wirtschaftsprüfers in der Hauptverhandlung zu vernehmen, es sei denn, daß er voraussichtlich am Erscheinen in der Hauptverhandlung verhindert ist oder ihm das Erscheinen wegen großer Entfernung nicht zugemutet werden kann.

-

§ 102 Verlesen von Protokollen

(1) Die Kammer für Wirtschaftsprüfersachen beschließt nach pflichtmäßigem Ermessen, ob die Aussage eines Zeugen oder eines Sachverständigen, der bereits in dem berufsgerichtlichen oder in einem anderen gesetzlich geordneten Verfahren vernommen worden ist, zu verlesen sei.
(2) Bevor der Gerichtsbeschluß ergeht, kann der Staatsanwalt oder der Wirtschaftsprüfer beantragen, den Zeugen oder Sachverständigen in der Hauptverhandlung zu vernehmen. Einem solchen Antrag ist zu entsprechen, es sei denn, daß der Zeuge oder Sachverständige voraussichtlich am Erscheinen in der Hauptverhandlung verhindert ist oder ihm das Erscheinen wegen großer Entfernung nicht zugemutet werden kann. Wird dem Antrag stattgegeben, so darf das Protokoll über die frühere Vernehmung nicht verlesen werden.
(3) Ist ein Zeuge oder Sachverständiger durch einen ersuchten Richter vernommen worden (§ 101), so kann der Verlesung des Protokolls nicht widersprochen werden. Der Staatsanwalt oder der Wirtschaftsprüfer kann jedoch der Verlesung widersprechen, wenn ein Antrag gemäß § 101 Satz 2 abgelehnt worden ist und Gründe für eine Ablehnung des Antrags jetzt nicht mehr bestehen.

-

§ 103 Entscheidung

(1) Die Hauptverhandlung schließt mit der auf die Beratung folgenden Verkündung des Urteils.
(2) Das Urteil lautet auf Freisprechung, Verurteilung oder Einstellung des Verfahrens.
(3) Das berufsgerichtliche Verfahren ist, abgesehen von dem Fall des § 260 Abs. 3 der Strafprozeßordnung, einzustellen,

1.

wenn die Bestellung als Wirtschaftsprüfer erloschen, zurückgenommen oder widerrufen ist (§§ 19, 20);

2.

wenn nach § 69a von einer berufsgerichtlichen Ahndung abzusehen ist.

3.
Die Rechtsmittel

§ 104 Beschwerde

Für die Verhandlung und Entscheidung über Beschwerden ist der Senat für Wirtschaftsprüfersachen beim Oberlandesgericht zuständig.

§ 105 Berufung

(1) Gegen das Urteil der Kammer für Wirtschaftsprüfersachen ist die Berufung an den Senat für Wirtschaftsprüfersachen zulässig.
(2) Die Berufung muß binnen einer Woche nach Verkündung des Urteils bei der Kammer für Wirtschaftsprüfersachen schriftlich eingelegt werden. Ist das Urteil nicht in Anwesenheit des Wirtschaftsprüfers verkündet worden, so beginnt für diesen die Frist mit der Zustellung.
(3) Die Berufung kann nur schriftlich gerechtfertigt werden.
(4) Auf das Verfahren sind im übrigen neben den Vorschriften der Strafprozeßordnung über die Berufung die §§ 98, 99, 101 bis 103 dieses Gesetzes sinngemäß anzuwenden.

§ 106 Mitwirkung der Staatsanwaltschaft vor dem Senat für Wirtschaftsprüfersachen

Die Aufgaben der Staatsanwaltschaft in dem Verfahren vor dem Senat für Wirtschaftsprüfersachen werden von der Staatsanwaltschaft bei dem Oberlandesgericht wahrgenommen, bei dem der Senat besteht.

§ 107 Revision

(1) Gegen ein Urteil des Senats für Wirtschaftsprüfersachen bei dem Oberlandesgericht ist die Revision an den Bundesgerichtshof zulässig,
1.
    wenn das Urteil auf Ausschließung aus dem Beruf lautet;
2.
    wenn der Senat für Wirtschaftsprüfersachen bei dem Oberlandesgericht entgegen einem Antrag der Staatsanwaltschaft nicht auf Ausschließung erkannt hat;
3.
    wenn der Senat für Wirtschaftsprüfersachen beim Oberlandesgericht sie in dem Urteil zugelassen hat.
(2) Der Senat für Wirtschaftsprüfersachen beim Oberlandesgericht darf die Revision nur zulassen, wenn er über Rechtsfragen oder Fragen der Berufspflichten entschieden hat, die von grundsätzlicher Bedeutung sind.
(3) Die Nichtzulassung der Revision kann selbständig durch Beschwerde innerhalb eines

Monats nach Zustellung des Urteils angefochten werden. Die Beschwerde ist bei dem Oberlandesgericht einzulegen. In der Beschwerdeschrift muß die grundsätzliche Rechtsfrage ausdrücklich bezeichnet werden.

(4) Die Beschwerde hemmt die Rechtskraft des Urteils.

(5) Wird der Beschwerde nicht abgeholfen, so entscheidet der Bundesgerichtshof durch Beschluß. Der Beschluß bedarf keiner Begründung, wenn die Beschwerde einstimmig verworfen oder zurückgewiesen wird. Mit Ablehnung der Beschwerde durch den Bundesgerichtshof wird das Urteil rechtskräftig. Wird der Beschwerde stattgegeben, so beginnt mit Zustellung des Beschwerdebescheids die Revisionsfrist.

-

§ 107a Einlegung der Revision und Verfahren

(1) Die Revision ist binnen einer Woche bei dem Oberlandesgericht schriftlich einzulegen. Die Frist beginnt mit der Verkündung des Urteils. Ist das Urteil nicht in Anwesenheit des Wirtschaftsprüfers verkündet worden, so beginnt für diesen die Frist mit der Zustellung.

(2) Seitens des Wirtschaftsprüfers können die Revisionsanträge und deren Begründung nur schriftlich angebracht werden.

(3) Auf das Verfahren vor dem Bundesgerichtshof sind im übrigen neben den Vorschriften der Strafprozeßordnung über die Revision § 99 und § 103 Abs. 3 dieses Gesetzes sinngemäß anzuwenden. In den Fällen des § 354 Abs. 2 der Strafprozeßordnung ist an den nach § 73 zuständigen Senat für Wirtschaftsprüfersachen beim Oberlandesgericht zurückzuverweisen.

-

§ 108 Mitwirkung der Staatsanwaltschaft vor dem Bundesgerichtshof

Die Aufgaben der Staatsanwaltschaft in den Verfahren vor dem Bundesgerichtshof werden von dem Generalbundesanwalt wahrgenommen.

4.
Die Sicherung von Beweisen

-

§ 109 Anordnung der Beweissicherung

(1) Wird ein berufsgerichtliches Verfahren gegen den Wirtschaftsprüfer eingestellt, weil seine Bestellung als Wirtschaftsprüfer erloschen oder zurückgenommen ist, so kann in der Entscheidung zugleich auf Antrag der Staatsanwaltschaft die Sicherung der Beweise angeordnet werden, wenn zu erwarten ist, daß auf Ausschließung aus dem Beruf erkannt worden wäre. Die Anordnung kann nicht angefochten werden.

(2) Die Beweise werden von der Kammer für Wirtschaftsprüfersachen beim Landgericht aufgenommen. Die Kammer kann eines ihrer berufsrichterlichen Mitglieder mit der Beweisaufnahme beauftragen.

-

§ 110 Verfahren

(1) Die Kammer für Wirtschaftsprüfersachen beim Landgericht hat von Amts wegen alle Beweise zu erheben, die eine Entscheidung darüber begründen können, ob das eingestellte Verfahren zur Ausschließung aus dem Beruf geführt hätte. Den Umfang des Verfahrens bestimmt die Kammer für Wirtschaftsprüfersachen beim Landgericht nach pflichtmäßigem Ermessen, ohne an Anträge gebunden zu sein; ihre Verfügungen können insoweit nicht angefochten werden.
(2) Zeugen sind, soweit nicht Ausnahmen vorgeschrieben oder zugelassen sind, eidlich zu vernehmen.
(3) Die Staatsanwaltschaft und der frühere Wirtschaftsprüfer sind an dem Verfahren zu beteiligen. Ein Anspruch auf Benachrichtigung von den Terminen, die zum Zwecke der Beweissicherung anberaumt werden, steht dem früheren Wirtschaftsprüfer nur zu, wenn er sich im Inland aufhält und seine Anschrift dem Landgericht angezeigt hat.

5.
Das vorläufige Tätigkeits- und Berufsverbot

-

§ 111 Voraussetzung des Verbotes

(1) Sind dringende Gründe für die Annahme vorhanden, dass gegen einen Wirtschaftsprüfer oder eine Wirtschaftsprüferin auf Ausschließung aus dem Beruf erkannt werden wird, so kann durch Beschluss ein vorläufiges Tätigkeits- oder Berufsverbot verhängt werden.
(2) Die Staatsanwaltschaft kann vor Einleitung des berufsgerichtlichen Verfahrens den Antrag auf Verhängung eines vorläufigen Tätigkeits- oder Berufsverbots stellen. In dem Antrag sind die Pflichtverletzung, die dem Wirtschaftsprüfer zur Last gelegt wird, sowie die Beweismittel anzugeben.
(3) Für die Verhandlung und Entscheidung ist das Gericht zuständig, das über die Eröffnung des Hauptverfahrens gegen den Wirtschaftsprüfer zu entscheiden hat oder vor dem das berufsgerichtliche Verfahren anhängig ist.

-

§ 112 Mündliche Verhandlung

(1) Der Beschluß, durch den ein vorläufiges Tätigkeits- oder Berufsverbot verhängt wird, kann nur auf Grund mündlicher Verhandlung ergehen.
(2) Auf die Besetzung des Gerichts, die Ladung und die mündliche Verhandlung sind die Vorschriften entsprechend anzuwenden, die für die Hauptverhandlung vor dem erkennenden Gericht maßgebend sind, soweit sich nicht aus den folgenden Vorschriften etwas anderes ergibt.
(3) In der ersten Ladung ist die dem Wirtschaftsprüfer zur Last gelegte Pflichtverletzung durch Anführung der sie begründenden Tatsachen zu bezeichnen; ferner sind die Beweismittel anzugeben. Dies ist jedoch nicht erforderlich, wenn dem Wirtschaftsprüfer die Anschuldigungsschrift bereits mitgeteilt worden ist.
(4) Den Umfang der Beweisaufnahme bestimmt das Gericht nach pflichtmäßigem Ermessen, ohne an Anträge der Staatsanwaltschaft oder des Wirtschaftsprüfers gebunden

zu sein.

-

§ 113 Abstimmung über das Verbot

Zur Verhängung des vorläufigen Tätigkeits- oder Berufsverbots ist eine Mehrheit von zwei Dritteln der Stimmen erforderlich.

-

§ 114 Verbot im Anschluß an die Hauptverhandlung

Hat das Gericht auf Ausschließung aus dem Beruf erkannt, so kann es im unmittelbaren Anschluß an die Hauptverhandlung über die Verhängung des vorläufigen Tätigkeits- oder Berufsverbots verhandeln und entscheiden. Dies gilt auch dann, wenn der Wirtschaftsprüfer zu der Hauptverhandlung nicht erschienen ist.

-

§ 115 Zustellung des Beschlusses

Der Beschluß ist mit Gründen zu versehen. Er ist dem Wirtschaftsprüfer zuzustellen. War der Wirtschaftsprüfer bei der Verkündung des Beschlusses nicht anwesend, ist ihm zusätzlich der Beschluß ohne Gründe unverzüglich nach der Verkündung zuzustellen.

-

§ 116 Wirkungen des Verbotes

(1) Der Beschluß wird mit der Verkündung wirksam.
(2) Der Wirtschaftsprüfer, gegen den ein Berufsverbot verhängt ist, darf seinen Beruf nicht ausüben.
(3) Der Wirtschaftsprüfer, gegen den ein vorläufiges Tätigkeits- oder Berufsverbot verhängt ist, darf jedoch seine eigenen Angelegenheiten, die Angelegenheiten seines Ehegatten oder seines Lebenspartners und seiner minderjährigen Kinder wahrnehmen, soweit es sich nicht um die Erteilung von Prüfungsvermerken handelt.
(4) Die Wirksamkeit von Rechtshandlungen, die der Wirtschaftsprüfer vornimmt, wird durch das vorläufige Tätigkeits- oder Berufsverbot nicht berührt. Das gleiche gilt für Rechtshandlungen, die ihm gegenüber vorgenommen werden.

-

§ 117 Zuwiderhandlungen gegen das Verbot

(1) Der Wirtschaftsprüfer, der einem gegen ihn ergangenen vorläufigen Tätigkeits- oder Berufsverbot wissentlich zuwiderhandelt, wird aus dem Beruf ausgeschlossen, sofern nicht wegen besonderer Umstände eine mildere berufsgerichtliche Maßnahme ausreichend erscheint.
(2) Gerichte oder Behörden sollen einen Wirtschaftsprüfer, der entgegen einem vorläufigen Tätigkeits- oder Berufsverbot vor ihnen auftritt, zurückweisen.

§ 118 Beschwerde

(1) Gegen den Beschluß, durch den das Landgericht oder das Oberlandesgericht ein vorläufiges Tätigkeits- oder Berufsverbot verhängt, ist die sofortige Beschwerde zulässig. Die Beschwerde hat keine aufschiebende Wirkung.

(2) Gegen den Beschluß, durch den das Landgericht oder das Oberlandesgericht es ablehnt, ein vorläufiges Tätigkeits- oder Berufsverbot zu verhängen, steht der Staatsanwaltschaft die sofortige Beschwerde zu.

(3) Über die sofortige Beschwerde entscheidet, sofern der angefochtene Beschluß von dem Landgericht erlassen ist, das Oberlandesgericht und, sofern er vor dem Oberlandesgericht ergangen ist, der Bundesgerichtshof. Für das Verfahren gelten neben den Vorschriften der Strafprozeßordnung über die Beschwerde § 112 Abs. 1, 2 und 4 sowie §§ 113 und 115 dieses Gesetzes entsprechend.

§ 119 Außerkrafttreten des Verbotes

(1) Das Berufsverbot tritt außer Kraft, wenn ein nicht auf Ausschließung lautendes Urteil ergeht oder wenn die Eröffnung des Hauptverfahrens vor der Kammer für Wirtschaftsprüfersachen abgelehnt wird.

(2) Das vorläufige Tätigkeits- oder Berufsverbot tritt außer Kraft, wenn ein Urteil ergeht, das auf Geldbuße, ein befristetes Tätigkeitsverbot oder ein befristetes Berufsverbot lautet, oder wenn die Eröffnung des Hauptverfahrens vor der Kammer für Wirtschaftsprüfersachen abgelehnt wird.

§ 120 Aufhebung des Verbotes

(1) Das vorläufige Tätigkeits- oder Berufsverbot wird aufgehoben, wenn sich ergibt, daß die Voraussetzungen für seine Verhängung nicht oder nicht mehr vorliegen.

(2) Über die Aufhebung entscheidet das nach § 111 Abs. 3 zuständige Gericht.

(3) Beantragt der Wirtschaftsprüfer, das Verbot aufzuheben, so kann eine erneute mündliche Verhandlung angeordnet werden. Der Antrag kann nicht gestellt werden, solange über eine sofortige Beschwerde des Wirtschaftsprüfers nach § 118 Abs. 1 noch nicht entschieden ist. Gegen den Beschluß, durch den der Antrag abgelehnt wird, ist eine Beschwerde nicht zulässig.

§ 120a Mitteilung des Verbotes

(1) Der Beschluß, durch den ein vorläufiges Tätigkeits- oder Berufsverbot verhängt wird, ist alsbald der Wirtschaftsprüferkammer in beglaubigter Abschrift mitzuteilen.

(2) Tritt das vorläufige Tätigkeits- oder Berufsverbot außer Kraft oder wird es aufgehoben, so gilt Absatz 1 entsprechend.

71

§ 121 Bestellung eines Vertreters

(1) Für den Wirtschaftsprüfer, gegen den ein vorläufiges Tätigkeits- oder Berufsverbot verhängt ist, wird im Falle des Bedürfnisses von der Wirtschaftsprüferkammer ein Vertreter bestellt. Vor der Bestellung ist der vom vorläufigen Tätigkeits- oder Berufsverbot betroffene Wirtschaftsprüfer zu hören; er kann einen geeigneten Vertreter vorschlagen.
(2) Der Vertreter muß Wirtschaftsprüfer sein.
(3) Ein Wirtschaftsprüfer, dem die Vertretung übertragen wird, kann sie nur aus einem wichtigen Grund ablehnen. Über die Ablehnung entscheidet die Wirtschaftsprüferkammer.
(4) Der Vertreter führt sein Amt unter eigener Verantwortung, jedoch für Rechnung und auf Kosten des Vertretenen. An Weisungen des Vertretenen ist er nicht gebunden.
(5) Der Vertretene hat dem Vertreter eine angemessene Vergütung zu zahlen. Auf Antrag des Vertretenen oder des Vertreters setzt der Vorstand der Wirtschaftsprüferkammer die Vergütung fest. Der Vertreter ist befugt, Vorschüsse auf die vereinbarte oder festgesetzte Vergütung zu entnehmen. Für die festgesetzte Vergütung haftet die Wirtschaftsprüferkammer wie ein Bürge.

6.
Das vorläufige Untersagungsverfahren

-

§ 121a Voraussetzung des Verfahrens

(1) Sind dringende Gründe für die Annahme vorhanden, dass den betroffenen Berufsangehörigen die Aufrechterhaltung oder Vornahme eines pflichtwidrigen Verhaltens untersagt werden wird, so kann gegen sie durch Beschluss eine vorläufige Untersagung ausgesprochen werden.
(2) Für das weitere Verfahren gelten § 111 Abs. 2 bis § 120a sinngemäß.

Vierter Abschnitt
Die Kosten in dem berufsgerichtlichen Verfahren und in dem Verfahren bei Anträgen auf berufsgerichtliche Entscheidung über die Rüge.
Die Vollstreckung der berufsgerichtlichen Maßnahmen und der Kosten.
Die Tilgung

-

§ 122 Gerichtskosten

Im berufsgerichtlichen Verfahren, im Verfahren über den Antrag auf Entscheidung des Landgerichts über die Rüge (§ 63a Abs. 1) und im Verfahren über den Antrag auf Entscheidung des Landgerichts gegen die Androhung oder die Festsetzung eines Zwangsgelds (§ 62a Abs. 3) werden Gebühren nach dem Gebührenverzeichnis der Anlage zu diesem Gesetz erhoben. Im Übrigen sind die für Kosten in Strafsachen geltenden Vorschriften des Gerichtskostengesetzes entsprechend anzuwenden.

-

§ 123 Kosten bei Anträgen auf Einleitung des berufsgerichtlichen Verfahrens

(1) Einem Wirtschaftsprüfer, der einen Antrag auf gerichtliche Entscheidung über die Entschließung der Staatsanwaltschaft (§ 87 Abs. 2) zurücknimmt, sind die durch dieses Verfahren entstandenen Kosten aufzuerlegen.

(2) Wird ein Antrag des Vorstandes der Wirtschaftsprüferkammer auf gerichtliche Entscheidung in dem Fall des § 86 Abs. 2 verworfen, so sind die durch das Verfahren über den Antrag veranlaßten Kosten der Wirtschaftsprüferkammer aufzuerlegen.

-

§ 124 Kostenpflicht des Verurteilten

(1) Dem Wirtschaftsprüfer, der in dem berufsgerichtlichen Verfahren verurteilt wird, sind zugleich die in dem Verfahren entstandenen Kosten ganz oder teilweise aufzuerlegen. Dasselbe gilt, wenn das berufsgerichtliche Verfahren wegen Erlöschens, Rücknahme oder Widerrufs der Bestellung eingestellt wird und nach dem Ergebnis des bisherigen Verfahrens die Verhängung einer berufsgerichtlichen Maßnahme gerechtfertigt gewesen wäre; zu den Kosten des berufsgerichtlichen Verfahrens gehören in diesem Fall auch diejenigen, die in einem anschließenden Verfahren zum Zwecke der Beweissicherung (§§ 109, 110) entstehen. Wird das Verfahren nach § 103 Abs. 3 Nr. 2 eingestellt, kann das Gericht dem Wirtschaftsprüfer die in dem Verfahren entstandenen Kosten ganz oder teilweise auferlegen, wenn es dies für angemessen erachtet.

(2) Dem Wirtschaftsprüfer, der in dem berufsgerichtlichen Verfahren ein Rechtsmittel zurückgenommen oder ohne Erfolg eingelegt hat, sind zugleich die durch dieses Verfahren entstandenen Kosten aufzuerlegen. Hatte das Rechtsmittel teilweise Erfolg, so kann dem Wirtschaftsprüfer ein angemessener Teil dieser Kosten auferlegt werden.

(3) Für die Kosten, die durch einen Antrag auf Wiederaufnahme des durch ein rechtskräftiges Urteil abgeschlossenen Verfahrens verursacht worden sind, ist Absatz 2 entsprechend anzuwenden.

-

§ 124a Kostenpflicht in dem Verfahren bei Anträgen auf berufsgerichtliche Entscheidung über die Rüge

(1) Wird der Antrag auf berufsgerichtliche Entscheidung über die Rüge als unbegründet zurückgewiesen, so ist § 124 Abs. 1 Satz 1 entsprechend anzuwenden. Stellt das Landgericht fest, daß die Rüge wegen der Verhängung einer berufsgerichtlichen Maßnahme unwirksam ist (§ 63a Abs. 5 Satz 2), oder hebt es den Rügebescheid gemäß § 63a Abs. 3 Satz 2 auf, so kann es dem Wirtschaftsprüfer die in dem Verfahren entstandenen Kosten ganz oder teilweise auferlegen, wenn es dies für angemessen erachtet.

(2) Nimmt der Wirtschaftsprüfer den Antrag auf berufsgerichtliche Entscheidung zurück oder wird der Antrag als unzulässig verworfen, so gilt § 124 Abs. 2 Satz 1 entsprechend.

(3) Wird der Rügebescheid, den Fall des § 63a Abs. 3 Satz 2 ausgenommen, aufgehoben oder wird die Unwirksamkeit der Rüge wegen eines Freispruchs des Wirtschaftsprüfers im berufsgerichtlichen Verfahren oder aus den Gründen des § 69 Abs. 2 Satz 2 festgestellt (§ 63a Abs. 5 Satz 2), so sind die notwendigen Auslagen des Wirtschaftsprüfers der Wirtschaftsprüferkammer aufzuerlegen.

-

73

§ 125 Haftung der Wirtschaftsprüferkammer

Auslagen, die weder dem Wirtschaftsprüfer noch einem Dritten auferlegt oder von dem Wirtschaftsprüfer nicht eingezogen werden können, fallen der Wirtschaftsprüferkammer zur Last.

-

§ 126 Vollstreckung der berufsgerichtlichen Maßnahmen und der Kosten

(1) Die Ausschließung aus dem Beruf wird mit der Rechtskraft des Urteils wirksam. Der Verurteilte wird auf Grund einer beglaubigten Abschrift der Urteilsformel, die mit der Bescheinigung der Rechtskraft versehen ist, im Berufsregister gelöscht.
(2) Die Vollstreckung der Geldbuße und die Beitreibung der Kosten werden nicht dadurch gehindert, daß der Wirtschaftsprüfer nach rechtskräftigem Abschluß des Verfahrens aus dem Beruf ausgeschieden ist. Werden zusammen mit einer Geldbuße die Kosten des Verfahrens beigetrieben, so gelten auch für die Kosten die Vorschriften über die Vollstreckung der Geldbuße.

-

§ 126a Tilgung

(1) Eintragungen in den über Berufsangehörige geführten Akten über verhängte berufsgerichtliche Maßnahmen nach § 68 Abs. 1 Nr. 1, 2 oder 3 sind nach zehn Jahren zu tilgen. Die über diese berufsgerichtlichen Maßnahmen entstandenen Vorgänge sind aus den über den Wirtschaftsprüfer geführten Akten zu entfernen und zu vernichten. Nach Ablauf der Frist dürfen diese Maßnahmen bei weiteren berufsgerichtlichen Maßnahmen nicht mehr berücksichtigt werden.
(2) Die Frist beginnt mit dem Tag, an dem die berufsgerichtliche Maßnahme unanfechtbar geworden ist.
(3) Die Frist endet nicht, solange gegen den Wirtschaftsprüfer ein Strafverfahren, ein berufsgerichtliches Verfahren oder ein Disziplinarverfahren schwebt, eine andere berufsgerichtliche Maßnahme berücksichtigt werden darf oder ein auf Geldbuße lautendes Urteil noch nicht vollstreckt ist.
(4) Nach Ablauf der Frist gilt der Wirtschaftsprüfer als von berufsgerichtlichen Maßnahmen nicht betroffen.
(5) Die Absätze 1 bis 4 gelten für Rügen des Vorstands der Wirtschaftsprüferkammer entsprechend. Die Frist beträgt fünf Jahre.
(6) Eintragungen über strafgerichtliche Verurteilungen oder über andere Entscheidungen in Verfahren wegen Straftaten, Ordnungswidrigkeiten oder der Verletzung von Berufspflichten, die nicht zu einer berufsgerichtlichen Maßnahme oder Rüge geführt haben, sowie über Belehrungen der Wirtschaftsprüferkammer sind auf Antrag des Wirtschaftsprüfers nach fünf Jahren zu tilgen. Absatz 1 Satz 2, Absätze 2 und 3 gelten entsprechend.

Fünfter Abschnitt
Anzuwendende Vorschriften

-

74

§ 127

Für die Berufsgerichtsbarkeit sind ergänzend das Gerichtsverfassungsgesetz und die Strafprozeßordnung sinngemäß anzuwenden.

Siebenter Teil
Vereidigte Buchprüfer und Buchprüfungsgesellschaften

§ 128 Berufszugehörigkeit und Berufsbezeichnung

(1) Vereidigter Buchprüfer ist, wer nach den Vorschriften dieses Gesetzes als solcher anerkannt oder bestellt ist; wird ein vereidigter Buchprüfer zum Wirtschaftsprüfer bestellt, so erlischt die Bestellung als vereidigter Buchprüfer. Buchprüfungsgesellschaften sind die nach den Vorschriften dieses Gesetzes anerkannten Buchprüfungsgesellschaften; wird eine Buchprüfungsgesellschaft als Wirtschaftsprüfungsgesellschaft anerkannt, so erlischt die Anerkennung als Buchprüfungsgesellschaft.

(2) Vereidigte Buchprüfer haben im beruflichen Verkehr die Berufsbezeichnung "vereidigter Buchprüfer", Buchprüfungsgesellschaften die Bezeichnung "Buchprüfungsgesellschaft" zu führen. Frauen können die Berufsbezeichnung "vereidigte Buchprüferin" führen.

(3) Vereidigte Buchprüfer und Buchprüfungsgesellschaften sind Mitglieder der Wirtschaftsprüferkammer. Im übrigen gilt § 58 Abs. 1 entsprechend.

§ 129 Inhalt der Tätigkeit

(1) Vereidigte Buchprüfer haben die berufliche Aufgabe, Prüfungen auf dem Gebiet des betrieblichen Rechnungswesens, insbesondere Buch- und Bilanzprüfungen, durchzuführen. Sie können über das Ergebnis ihrer Prüfungen Prüfungsvermerke erteilen. Zu den Prüfungsvermerken gehören auch Bestätigungen und Feststellungen, die vereidigte Buchprüfer auf Grund gesetzlicher Vorschriften vornehmen. Zu den beruflichen Aufgaben des vereidigten Buchprüfers gehört es insbesondere, die Prüfung des Jahresabschlusses von mittelgroßen Gesellschaften mit beschränkter Haftung und Personenhandelsgesellschaften im Sinne des § 264a des Handelsgesetzbuchs (§ 267 Abs. 2 des Handelsgesetzbuchs) nach § 316 Abs. 1 Satz 1 des Handelsgesetzbuchs durchzuführen.

(2) Vereidigte Buchprüfer sind befugt, ihre Auftraggeber in steuerlichen Angelegenheiten nach Maßgabe der bestehenden Vorschriften zu beraten und zu vertreten. In Angelegenheiten, die das Abgabenrecht fremder Staaten betreffen, sind sie zur geschäftsmäßigen Hilfe in Steuersachen befugt; die entsprechenden Befugnisse Dritter bleiben unberührt.

(3) Vereidigte Buchprüfer sind weiter befugt

1.
    unter Berufung auf ihren Berufseid auf den Gebieten des betrieblichen Rechnungswesens als Sachverständige aufzutreten;

2.
    in wirtschaftlichen Angelegenheiten zu beraten und fremde Interessen zu wahren;

3.

75

zur treuhänderischen Verwaltung.

-

§ 130 Anwendung von Vorschriften des Gesetzes

(1) Auf vereidigte Buchprüfer finden § 1 Abs. 2 und § 3 sowie die Bestimmungen des Dritten, Sechsten, Siebenten und Achten Abschnitts des Zweiten Teils und des Dritten, Fünften und Sechsten Teils entsprechende Anwendung. Im berufsgerichtlichen Verfahren gegen vereidigte Buchprüfer können vereidigte Buchprüfer und Wirtschaftsprüfer als Beisitzer berufen werden.

(2) Auf Buchprüfungsgesellschaften finden § 1 Abs. 3 und § 3 sowie die Bestimmungen des Dritten, Fünften, Sechsten, Siebenten und Achten Abschnitts des Zweiten Teils und des Dritten Teils entsprechende Anwendung. Sobald die Zahl der gesetzlichen Vertreter (§ 28 Abs. 1), die Berufsangehörige sind, die Zahl der gesetzlichen Vertreter, die vereidigte Buchprüfer oder vereidigte Buchprüferinnen sind, übersteigt, ist der Antrag auf Anerkennung als Wirtschaftsprüfungsgesellschaft zu stellen, sofern die übrigen Anerkennungsvoraussetzungen insbesondere nach § 28 vorliegen. Die Anerkennung als Buchprüfungsgesellschaft ist zurückzunehmen oder zu widerrufen, wenn bei Vorliegen der Voraussetzungen des Absatzes 2 Satz 2 ein Antrag auf Anerkennung als Wirtschaftsprüfungsgesellschaft unterbleibt.

(3) Die §§ 57a bis 57g gelten für die Qualitätskontrolle bei vereidigten Buchprüfern in eigener Praxis und Buchprüfungsgesellschaften entsprechend. Prüfer für Qualitätskontrolle können auch vereidigte Buchprüfer oder Buchprüfungsgesellschaften sein; sie können Qualitätskontrollen nur bei vereidigten Buchprüfern und Buchprüfungsgesellschaften durchführen. Für die Registrierung von vereidigten Buchprüfern oder Buchprüfungsgesellschaften gilt § 57a Abs. 3 entsprechend.

-

§ 131

(weggefallen)

-

§§ 131a bis 131d (weggefallen)

Achter Teil

-

§§ 131c bis 131f (weggefallen)

Neunter Teil
Eignungsprüfung als Wirtschaftsprüfer

-

§ 131g Zulassung zur Eignungsprüfung als Wirtschaftsprüfer

(1) Eine Person, die in einem Mitgliedstaat oder in einem anderen Vertragsstaat des Abkommens über den Europäischen Wirtschaftsraum oder der Schweiz außerhalb des Geltungsbereichs dieses Gesetzes ein Diplom erlangt hat, aus dem hervorgeht, daß der Inhaber über die beruflichen Voraussetzungen verfügt, die für die unmittelbare Zulassung zur Abschlussprüfung im Sinne des Artikels 2 Nr. 1 der Richtlinie 2006/43/EG des Europäischen Parlaments und des Rates vom 17. Mai 2006 über Abschlussprüfungen von Jahresabschlüssen und konsolidierten Abschlüssen, zur Änderung der Richtlinien 78/660/EWG und 83/349/EWG des Rates und zur Aufhebung der Richtlinie 84/253/EWG des Rates (ABl. EU Nr. L 157 S. 87) in diesem Mitgliedstaat oder in einem anderen Vertragsstaat des Abkommens über den Europäischen Wirtschaftsraum oder der Schweiz erforderlich sind, kann abweichend von den Vorschriften des Ersten und Zweiten Abschnitts des Zweiten Teils als Wirtschaftsprüfer bestellt werden, wenn sie eine Eignungsprüfung als Wirtschaftsprüfer abgelegt hat.
(2) Diplome im Sinne des Absatzes 1 sind Diplome, Prüfungszeugnisse oder sonstige Befähigungsnachweise im Sinne des Artikels 1 Buchstabe a der Richtlinie des Rates vom 21. Dezember 1988 über eine allgemeine Regelung zur Anerkennung der Hochschuldiplome, die eine mindestens dreijährige Berufsausbildung abschließen (89/48/EWG) - ABl. EG Nr. L 19 (1989) S. 16 -. Ein Diplom auf Grund einer Ausbildung, die nicht überwiegend in der Europäischen Union oder in einem anderen Vertragsstaat des Abkommens über den Europäischen Wirtschaftsraum oder in der Schweiz stattgefunden hat, berechtigt zur Ablegung der Eignungsprüfung, wenn der Inhaber tatsächlich und rechtmäßig mindestens drei Jahre Berufserfahrung als gesetzlicher Abschlußprüfer hat und dies von einem Staat nach Absatz 1 oder Vertragsstaat bescheinigt wird, der das Diplom ausgestellt oder anerkannt hat.
(3) Über die Zulassung zur Eignungsprüfung entscheidet die Prüfungsstelle; der Antrag ist schriftlich einzureichen. Die §§ 13 bis 13b finden entsprechende Anwendung.

-

§ 131h Eignungsprüfung als Wirtschaftsprüfer

(1) Bewerbende, die zugelassen worden sind, legen die Eignungsprüfung vor der Prüfungskommission ab.
(2) Die Eignungsprüfung ist eine ausschließlich die beruflichen Kenntnisse des Bewerbers betreffende Prüfung, mit der seine Fähigkeit, den Beruf eines Wirtschaftsprüfers in der Bundesrepublik Deutschland auszuüben, beurteilt werden soll. Die Eignungsprüfung muss dem Umstand Rechnung tragen, dass der Bewerber oder die Bewerberin in einem Mitgliedstaat der Europäischen Union oder in einem anderen Vertragsstaat des Abkommens über den Europäischen Wirtschaftsraum oder in der Schweiz über die beruflichen Voraussetzungen verfügt, die für die Zulassung zur Pflichtprüfung von Jahresabschlüssen und anderer Rechnungsunterlagen in diesem Staat erforderlich sind.
(3) Die Prüfung gliedert sich in eine schriftliche und eine mündliche Prüfung. Sie wird in deutscher Sprache abgelegt. Prüfungsgebiete sind durch Rechtsverordnung näher zu bestimmende Bereiche des Wirtschaftlichen Prüfungswesens (rechtliche Vorschriften), des Wirtschaftsrechts, des Steuerrechts und das Berufsrecht der Wirtschaftsprüfer.
(4) (weggefallen)

-

§ 131i Anwendung des Berufsqualifikationsfeststellungsgesetzes

Das Berufsqualifikationsfeststellungsgesetz findet mit Ausnahme des § 17 keine Anwendung.

-

§ 131j (weggefallen)

-

§ 131k Bestellung

Auf die Bestellung der Personen, die die Prüfung nach § 131h bestanden haben, als Wirtschaftsprüfer findet der Dritte Abschnitt des Zweiten Teils entsprechende Anwendung.

-

§ 131l Rechtsverordnung

Das Bundesministerium für Wirtschaft und Technologie wird ermächtigt, durch Rechtsverordnung für die Prüfung nach § 131h Bestimmungen zu erlassen über die Zusammensetzung der Prüfungskommission und die Berufung ihrer Mitglieder, die Einzelheiten der Prüfung, der Prüfungsgebiete und des Prüfungsverfahrens, insbesondere über die in § 14 bezeichneten Angelegenheiten, den Erlass von Prüfungsleistungen sowie die Zulassung zur Eignungsprüfung von Bewerbenden, welche die Voraussetzungen des Artikels 3 Buchstabe b der Richtlinie (§ 131g Abs. 2 Satz 1) erfüllen. Die Rechtsverordnung bedarf nicht der Zustimmung des Bundesrates.

-

§ 131m Bescheinigungen des Heimat- oder Herkunftsmitgliedstaats

Soweit es für die Entscheidung über die Bestellung als Wirtschaftsprüfer der Vorlage oder Anforderung von

1.
Bescheinigungen oder Urkunden darüber, daß keine schwerwiegenden beruflichen Verfehlungen, Straftaten oder sonstige, die Eignung des Bewerbers für den Beruf des Wirtschaftsprüfers in Frage stellende Umstände bekannt sind,

2.
Bescheinigungen oder Urkunden darüber, daß sich der Bewerber nicht im Konkurs befindet,

3.
Bescheinigungen über die körperliche oder geistige Gesundheit,

4.
Führungszeugnissen

des Heimat- oder Herkunftsmitgliedstaats bedarf, genügt eine Bescheinigung oder Urkunde im Sinne des Artikels 6 der Richtlinie des Rates vom 21. Dezember 1988 (§ 131g Abs. 2 Satz 1).

-

§ 131n

(weggefallen)

Zehnter Teil
Straf- und Bußgeldvorschriften

-

§ 132 Verbot verwechslungsfähiger Berufsbezeichnungen; Siegelimitate

(1) Untersagt ist

1.

das Führen der Berufsbezeichnung "Buchprüfer", "Bücherrevisor" oder "Wirtschaftstreuhänder" oder

2.

das nach dem Recht eines anderen Staates berechtigte Führen der Berufsbezeichnungen "Wirtschaftsprüfer", "Wirtschaftsprüferin", "vereidigter Buchprüfer" oder "vereidigte Buchprüferin", ohne dass der andere Staat angegeben wird.

(2) Siegel dürfen nur im geschäftlichen Verkehr verwendet werden, wenn sie den Bestimmungen über die Gestaltung des Siegels nach Maßgabe der Berufssatzung nach § 48 Abs. 2 entsprechen.

(3) Ordnungswidrig handelt, wer

1.

entgegen Absatz 1 Nr. 1 oder 2 eine Berufsbezeichnung führt oder

2.

entgegen Absatz 2 ein Siegel verwendet.

(4) Die Ordnungswidrigkeit kann mit einer Geldbuße bis zu 5 000 Euro geahndet werden.

-

§ 133 Schutz der Bezeichnung "Wirtschaftsprüfungsgesellschaft" und "Buchprüfungsgesellschaft"

(1) Ordnungswidrig handelt, wer die Bezeichnung "Wirtschaftsprüfungsgesellschaft oder "Buchprüfungsgesellschaft" oder eine einer solchen zum Verwechseln ähnliche Bezeichnung für eine Gesellschaft gebraucht, obwohl diese nicht als solche anerkannt ist.

(2) Die Ordnungswidrigkeit kann mit einer Geldbuße bis zu 10 000 Euro geahndet werden.

(3) (weggefallen)

-

§ 133a Unbefugte Ausübung einer Führungsposition bei dem geprüften Unternehmen

(1) Ordnungswidrig handelt, wer entgegen § 43 Abs. 3 eine wichtige Führungsposition ausübt.

(2) Die Ordnungswidrigkeit kann mit einer Geldbuße bis zu fünfzigtausend Euro geahndet werden.

-

§ 133b Unbefugte Verwertung fremder Betriebs- oder Geschäftsgeheimnisse

(1) Mit Freiheitsstrafe bis zu zwei Jahren oder mit Geldstrafe wird bestraft, wer entgegen § 66b Abs. 2 ein fremdes Geheimnis verwertet.

(2) Die Tat wird nur auf Antrag verfolgt.

-

§ 133c Unbefugte Offenbarung fremder Betriebs- oder Geschäftsgeheimnisse

(1) Mit Freiheitsstrafe bis zu einem Jahr oder mit Geldstrafe wird bestraft, wer entgegen § 66b Abs. 2 ein fremdes Geheimnis offenbart.

(2) Handelt der Täter gegen Entgelt oder in der Absicht, sich oder einen anderen zu bereichern oder einen anderen zu schädigen, ist die Strafe Freiheitsstrafe bis zu zwei Jahren oder Geldstrafe.

(3) Die Tat wird nur auf Antrag verfolgt.

-

§ 133d Verwaltungsbehörde

Verwaltungsbehörde im Sinne des § 36 Absatz 1 Nummer 1 des Gesetzes über Ordnungswidrigkeiten ist für Ordnungswidrigkeiten nach § 132 Absatz 3, § 133 Absatz 1 und § 133a Absatz 1 die Wirtschaftsprüferkammer. Das Gleiche gilt für durch Mitglieder der Wirtschaftsprüferkammer im Sinne des § 58 Absatz 1 Satz 1 begangene Ordnungswidrigkeiten nach § 17 des Geldwäschegesetzes und nach § 6 der Dienstleistungs-Informationspflichten-Verordnung.

-

§ 133e Verwendung der Geldbußen

(1) Die Geldbußen fließen in den Fällen von § 132 Absatz 3, § 133 Absatz 1, § 133a Absatz 1 sowie § 17 des Geldwäschegesetzes und § 6 der Dienstleistungs-Informationspflichten-Verordnung in die Kasse der Verwaltungsbehörde, die den Bußgeldbescheid erlassen hat.

(2) Die nach Absatz 1 zuständige Kasse trägt abweichend von § 105 Absatz 2 des Gesetzes über Ordnungswidrigkeiten die notwendigen Auslagen. Sie ist auch ersatzpflichtig im Sinne des § 110 Absatz 4 des Gesetzes über Ordnungswidrigkeiten.

Elfter Teil
Übergangs- und Schlußvorschriften

-

§ 134 Anwendung von Vorschriften dieses Gesetzes auf Abschlussprüfer, Abschlussprüferinnen und Abschlussprüfungsgesellschaften aus Drittstaaten

(1) Abschlussprüfer, Abschlussprüferinnen und Abschlussprüfungsgesellschaften aus Drittstaaten sind verpflichtet, auch wenn keine Bestellung oder Anerkennung nach diesem Gesetz vorliegt, sich nach den Vorschriften des Siebten Abschnitts des Zweiten Teils

eintragen zu lassen, wenn sie beabsichtigen, den Bestätigungsvermerk für einen gesetzlich vorgeschriebenen Jahresabschluss oder Konzernabschluss einer Gesellschaft mit Sitz außerhalb der Gemeinschaft, deren übertragbare Wertpapiere zum Handel an einem geregelten Markt im Sinne von Artikel 4 Abs. 1 Nr. 14 der Richtlinie 2004/39/EG in Deutschland zugelassen sind, zu erteilen. Dies gilt nicht bei Bestätigungsvermerken für Gesellschaften, die ausschließlich zum Handel an einem geregelten Markt eines Mitgliedstaats der Europäischen Union zugelassene Schuldtitel im Sinne des Artikels 2 Abs. 1 Buchstabe b der Richtlinie 2004/109/EG des Europäischen Parlaments und des Rates vom 15. Dezember 2004 zur Harmonisierung der Transparenzanforderungen in Bezug auf Informationen über Emittenten, deren Wertpapiere zum Handel auf einem geregelten Markt zugelassen sind, und zur Änderung der Richtlinie 2001/34/EG (ABl. EU Nr. L 390 S. 38) mit einer Mindeststückelung von 50 000 Euro oder – bei Schuldtiteln, die auf eine andere Währung als Euro lauten – mit einer Mindeststückelung, deren Wert am Ausgabetag mindestens 50 000 Euro entspricht, begeben.

(2) Prüfungsgesellschaften nach Absatz 1 Satz 1 können nur eingetragen werden, wenn

1.
   sie die Voraussetzungen erfüllen, die denen des Fünften Abschnitts des Zweiten Teils gleichwertig sind,

2.
   die Person, welche die Prüfung im Namen der Drittstaatsprüfungsgesellschaft durchführt, diejenigen Voraussetzungen erfüllt, die denen des Ersten Abschnitts des Zweiten Teils gleichwertig sind,

3.
   die Prüfungen nach den internationalen Prüfungsstandards und den Anforderungen an die Unabhängigkeit oder nach gleichwertigen Standards und Anforderungen durchgeführt werden und

4.
   sie auf ihrer Website einen jährlichen Transparenzbericht veröffentlichen, der die in § 55c genannten Informationen enthält, oder sie gleichwertige Bekanntmachungsanforderungen erfüllen.

(2a) Liegen die Voraussetzungen des Absatzes 1 und 2 vor, erteilt die Wirtschaftsprüferkammer dem eingetragenen Abschlussprüfer, der Abschlussprüferin oder der Abschlussprüfungsgesellschaft eine Eintragungsbescheinigung.

(3) Die nach den Absätzen 1 und 2 eingetragenen Personen und Gesellschaften unterliegen im Hinblick auf ihre Tätigkeit nach Absatz 1 den Vorschriften der Berufsaufsicht nach den §§ 61a bis 66b, den Vorschriften der Berufsgerichtsbarkeit nach den §§ 67 bis 127 sowie den Vorschriften der Qualitätskontrolle nach den §§ 57a bis 57g. Von der Durchführung einer Qualitätskontrolle kann abgesehen werden, wenn in einem anderen Mitgliedstaat der Europäischen Union in den vorausgegangenen drei Jahren bereits eine Qualitätskontrolle bei der eingetragenen Person oder bei der Gesellschaft durchgeführt worden ist. Satz 2 gilt entsprechend, wenn in einem Drittstaat in den vorangegangenen drei Jahren bereits eine Qualitätskontrolle bei der eingetragenen Person oder bei der Gesellschaft durchgeführt worden ist, wenn die dortige Qualitätskontrolle aufgrund der Bewertung gemäß Absatz 4 als gleichwertig anerkannt wurde.

(4) Von der Eintragung und deren Folgen nach Absatz 3 ist auf der Grundlage der Gegenseitigkeit abzusehen, wenn die in Absatz 1 Satz 1 genannten Personen und Gesellschaften in ihrem jeweiligen Drittstaat einer öffentlichen Aufsicht, einer Qualitätskontrolle sowie einer Berufsaufsicht unterliegen, die Anforderungen erfüllen, welche denen der in Absatz 3 genannten Vorschriften gleichwertig sind, oder wenn die

Europäische Kommission dies für eine Übergangsfrist nach Artikel 46 Abs. 2 Satz 3 der Richtlinie 2006/43/EG des Europäischen Parlaments und des Rates vom 17. Mai 2006 über Abschlussprüfungen von Jahresabschlüssen und konsolidierten Abschlüssen (ABl. EU Nr. L 157 S. 87) vorsieht. Die in Satz 1 genannte Gleichwertigkeit wird von der Kommission der Europäischen Gemeinschaften in Zusammenarbeit mit den Mitgliedstaaten bewertet und festgestellt. Solange die Kommission der Europäischen Gemeinschaften noch keine Übergangsentscheidung nach Satz 1 oder Feststellung nach Satz 2 getroffen hat, kann das Bundesministerium für Wirtschaft und Technologie die Gleichwertigkeit selbst bewerten und feststellen. Es wird bei der Bewertung die Bewertungen und Feststellungen anderer Mitgliedstaaten berücksichtigen. Trifft das Bundesministerium für Wirtschaft und Technologie eine solche Feststellung, macht es diese durch Veröffentlichung im Bundesanzeiger bekannt. Lehnt das Bundesministerium für Wirtschaft und Technologie die Gleichwertigkeit im Sinn des Satzes 1 ab, kann es den in Absatz 1 Satz 1 genannten Personen und Gesellschaften für einen angemessenen Übergangszeitraum die Fortführung ihrer Prüfungstätigkeit im Einklang mit den einschlägigen deutschen Vorschriften gestatten. Die Feststellung und die Ablehnung der Gleichwertigkeit wird der Abschlussprüferaufsichtskommission mitgeteilt, damit sie diese Entscheidung gemäß § 66a Abs. 11 berücksichtigen kann. Erfolgt nach Maßgabe dieses Absatzes keine Eintragung gemäß Absatz 1, so bestätigt die Wirtschaftsprüferkammer dies dem Abschlussprüfer, der Abschlussprüferin oder der Abschlussprüfungsgesellschaft auf Antrag schriftlich.

(5) Liegen die Voraussetzungen einer Eintragung im Sinne der Absätze 1 und 2 nicht mehr vor, erfolgt eine Löschung der Eintragung von Amts wegen.

-

§ 134a Übergangsregelung

(1) Wirtschaftsprüfer und vereidigte Buchprüfer, die am 31. Dezember 1989 bestellt sind, behalten ihre Bestellung, auch wenn sie die Voraussetzungen der am 1. Januar 1990 in Kraft tretenden Vorschriften des Artikels 6 des Bilanzrichtlinien-Gesetzes vom 19. Dezember 1985 (BGBl. I S. 2355) nicht erfüllen. Entsprechendes gilt für Wirtschaftsprüfungsgesellschaften und Buchprüfungsgesellschaften, die am 31. Dezember 1989 anerkannt sind. Die Anerkennung einer Wirtschaftsprüfungsgesellschaft und einer Buchprüfungsgesellschaft ist jedoch zu widerrufen, wenn sie nach dem 31. Dezember 1994 die Voraussetzungen des § 28 Abs. 2 und 3 in der ab 1. Januar 1990 geltenden Fassung nicht erfüllt.

(2) Wirtschaftsprüfungsgesellschaften und Buchprüfungsgesellschaften, die im Zeitpunkt des Inkrafttretens des Artikels 6 Nr. 6 Buchstabe b des Bilanzrichtlinien-Gesetzes anerkannt sind, bleiben anerkannt. Die Anerkennung einer solchen Wirtschaftsprüfungsgesellschaft oder Buchprüfungsgesellschaft ist von der Wirtschaftsprüferkammer zu widerrufen, wenn nach dem 31. Dezember 1987 bei der Wirtschaftsprüfungsgesellschaft oder Buchprüfungsgesellschaft der Bestand der Gesellschafter oder das Verhältnis ihrer Beteiligungen oder Stimmrechte durch Rechtsgeschäft oder auf Grund Erbfalls verändert und dabei § 28 Abs. 4 nicht beachtet wird. § 34 Abs. 1 Nr. 2 ist entsprechend anzuwenden.

(3) (weggefallen)

(4) (weggefallen)

-

§ 135 Übergangsregelung für § 14a

§ 14a ist in der ab 1. Januar 2004 geltenden Fassung anzuwenden, sofern der erste Prüfungsabschnitt oder eine Ergänzungsprüfung nach Inkrafttreten des Gesetzes zur Reform des Zulassungs- und Prüfungsverfahrens des Wirtschaftsprüfungsexamens abgelegt wird.

-

§ 136 Übergangsregelung für § 57a Abs. 6 Satz 8

(1) Berufsangehörige in eigener Praxis und Wirtschaftsprüfungsgesellschaften, denen vor dem 5. September 2007 eine Teilnahmebescheinigung nach § 57a Abs. 6 Satz 7 erteilt wurde, können eine Verlängerung der Befristung der Teilnahmebescheinigung auf insgesamt sechs Jahre beantragen, soweit sie nicht gesetzliche Abschlussprüfungen von Unternehmen von öffentlichem Interesse (§ 319a Abs. 1 Satz 1 des Handelsgesetzbuchs) durchführen. Entsprechendes gilt für Teilnahmebescheinigungen nach § 57a Abs. 6 Satz 7, die nach dem 5. September 2007 erteilt wurden.
(2) Ist die Teilnahmebescheinigung auf sechs Jahre befristet worden, haben Berufsangehörige in eigener Praxis oder Wirtschaftsprüfungsgesellschaften, die die Abschlussprüfung eines Unternehmens von öffentlichem Interesse (§ 319a Abs. 1 Satz 1 des Handelsgesetzbuchs) mehr als drei Jahre nach Ausstellen der Teilnahmebescheinigung durchführen, innerhalb von sechs Monaten nach Annahme des Prüfungsauftrages eine Qualitätskontrolle durchführen zu lassen.

-

§ 136a (weggefallen)

-

-

§ 137 Übergangsregelung für § 57 Abs. 4 Nr. 1 Buchstabe e und i

Solange die Wirtschaftsprüferkammer die Vorschriften über das Siegel und die Vorschriften über die Berufshaftpflichtversicherung nach § 57 Abs. 4 Nr. 1 Buchstabe e und i nicht in die Berufssatzung aufgenommen hat, ist das am 5. September 2007 geltende Recht anzuwenden.

-

§ 137a

(weggefallen)

-

§ 138 Behandlung schwebender Anträge und Verfahren

Anträge und Verfahren, die am 1. Januar 2002 noch nicht entschieden sind und deren Zuständigkeit mit diesem Gesetz von den obersten Landesbehörden auf die

Wirtschaftsprüferkammer übergehen würde, verbleiben bis zu ihrer Entscheidung in der Zuständigkeit der obersten Landesbehörden. Die Vorgänge sind nach der Entscheidung der Wirtschaftsprüferkammer zuzuleiten.

-

§ 139 Übergangsregelung zur Behandlung schwebender Anträge und Verfahren im Rahmen des Zuständigkeitswechsels zum 1. Januar 2004

(1) Zulassungs- und Prüfungsverfahren, die am 31. Dezember 2003 nicht abgeschlossen sind, sind nach der Aufgabenübertragung am 1. Januar 2004 von der Wirtschaftsprüferkammer fortzuführen; hierfür stellen die bisher zuständigen obersten Landesbehörden die erforderlichen Angaben und Unterlagen rechtzeitig zur Verfügung.
(2) Laufende schriftliche und mündliche Prüfungen, die am 31. Dezember 2003 nicht abgeschlossen sind, verbleiben bis zum Prüfungsverfahrensabschluss in der bisherigen Zuständigkeit der obersten Landesbehörden. Die bisherigen Organisationseinheiten, insbesondere die Prüfungsausschüsse, bleiben bis zum Prüfungsverfahrensabschluss bestehen. Satz 1 gilt nicht für nachfolgende Ergänzungs- und Rücktrittsfolgeprüfungen nach den §§ 19, 21 und 32 der Wirtschaftsprüferprüfungsverordnung; diese werden von der Wirtschaftsprüferkammer durchgeführt.
(3) Prüfungsverfahren nach Absatz 1 sowie Prüfungen nach Absatz 2 Satz 1 sind inhaltlich nach dem bis zum 31. Dezember 2003 geltenden Recht fortzuführen; dies gilt nicht für Zulassungsverfahren, deren Anträge bis zum 31. Dezember 2003 gestellt worden sind, über die aber erst nach dem 31. Dezember 2003 entschieden wird, und für Prüfungen nach Absatz 2 Satz 3.
(4) Die Vereinbarung zwischen dem Land Nordrhein-Westfalen und der Wirtschaftsprüferkammer über die Verlagerung der von der obersten Landeswirtschaftsbehörde bei der Durchführung der Zulassungs- und Prüfungsverfahren für Wirtschaftsprüfer und vereidigte Buchprüfer wahrzunehmenden Aufgaben auf die Berufskammer vom 5. Juli 2001 bleibt unberührt.

-

§ 139a Übergangsregelung zur Behandlung schwebender Anträge und Verfahren im Rahmen des Zulassungs- und Prüfungsverfahrens nach den bis zum 31. Dezember 2003 geltenden §§ 131 bis 131d, 131i und 131j

(1) Anträge auf Zulassung zur Prüfung als vereidigter Buchprüfer oder vereidigte Buchprüferin nach den bis zum 31. Dezember 2003 geltenden §§ 131 bis 131d und auf Zulassung zur Eignungsprüfung nach den bis zum 31. Dezember 2003 geltenden §§ 131i und 131j, die nicht für eine Wiederholungsprüfung gestellt werden, müssen bis spätestens 31. Dezember 2004 formgerecht eingereicht werden; sie sind nach dem bis zum 31. Dezember 2003 geltenden Recht zu behandeln. Die Zuständigkeiten nach § 139 bleiben hiervon unberührt; für Zulassungs- und Prüfungsverfahren, die ab 1. Januar 2004 beginnen, gelten die Zuständigkeiten nach § 5 entsprechend.
(2) Die dem Zulassungsverfahren gemäß Absatz 1 nachfolgenden Prüfungen sind nach dem bis zum 31. Dezember 2003 geltenden Recht durchzuführen.
(3) Die Prüfungen müssen bis spätestens 31. Dezember 2006 abgelegt sein. Dieselbe Frist gilt für die den Prüfungen nachfolgenden Rücktrittsfolge- und Wiederholungsprüfungen nach den bis zum 31. Dezember 2003 geltenden §§ 20 und 21

der Prüfungsordnung für Wirtschaftsprüfer und nach den bis zum 31. Dezember 2003 geltenden §§ 11 und 12 der Prüfungsordnung für die Eignungsprüfung nach dem Achten Teil der Wirtschaftsprüferordnung; nach Ablauf der Frist besteht kein Anspruch mehr auf deren Durchführung.

(4) Hat eine Person die Prüfung als vereidigter Buchprüfer oder vereidigte Buchprüferin abgelegt, eine Bestellung aber noch nicht erhalten, so muss die Bestellung bis spätestens ein Jahr nach Prüfungsablegung beantragt werden. In Härtefällen kann die Wirtschaftsprüferkammer auf Antrag Ausnahmen gewähren.

-

§ 139b Übergangsregelung für den bis zum 31. Dezember 2003 geltenden § 51a

(1) Die regelmäßige Verjährungsfrist nach § 195 des Bürgerlichen Gesetzbuchs findet auf die am 1. Januar 2004 bestehenden und noch nicht verjährten Ansprüche des Auftraggebers auf Schadensersatz aus dem zwischen ihm und dem Wirtschaftsprüfer bestehenden Vertragsverhältnis Anwendung.

(2) Die regelmäßige Verjährungsfrist nach § 195 des Bürgerlichen Gesetzbuchs wird vom 1. Januar 2004 an berechnet. Läuft jedoch die bis zu diesem Tag geltende Verjährungsfrist des § 51a früher als die regelmäßige Verjährungsfrist nach § 195 des Bürgerlichen Gesetzbuchs ab, so ist die Verjährung mit dem Ablauf der bis zu diesem Tag geltenden Verjährungsfrist des § 51a vollendet.

-

§ 140 Übergangsregelung für § 43 Abs. 3, § 133a

§ 43 Abs. 3 und § 133a gelten nicht für solche Personen, die ihre Prüfungstätigkeit bei den Unternehmen vor dem Inkrafttreten des Bilanzrechtsmodernisierungsgesetzes vom 25. Mai 2009 (BGBl. I S. 1102) aufgegeben haben.

-

§ 141 Inkrafttreten

(1) Dieses Gesetz tritt am ersten Kalendertag des vierten auf seine Verkündung folgenden Kalendermonats in Kraft.

(2) Die §§ 14, 48, 54, 131 Abs. 4 treten am Tage der Verkündung in Kraft.

-

Anlage (zu § 122 Satz 1)
Gebührenverzeichnis

(Fundstelle des Originaltextes: BGBl. I 2006, 3436 - 3438)

Gebührenverzeichnis
Gliederung
Abschnitt 1   Verfahren vor dem Landgericht

Nr.	Gebührentatbestand	Gebührenbetrag oder Satz der jeweiligen Gebühr 110 bis 113

Vorbemerkung :

(1) Im berufsgerichtlichen Verfahren bemessen sich die Gerichtsgebühren vorbehaltlich des Absatzes 2 für alle Rechtszüge nach der rechtskräftig verhängten Maßnahme.

(2) Wird ein Rechtsmittel oder ein Antrag auf berufsgerichtliche Entscheidung nur teilweise verworfen oder zurückgewiesen, so hat das Gericht die Gebühr zu ermäßigen, soweit es unbillig wäre, den Berufsangehörigen damit zu belasten.

(3) Bei rechtskräftiger Anordnung einer Untersagung (§ 68a Abs. 1 der Wirtschaftsprüferordnung) wird eine Gebühr für alle Rechtszüge gesondert erhoben. Wird ein Rechtsmittel auf die Anordnung der Untersagung beschränkt, wird die Gebühr für das Rechtsmittelverfahren nur wegen der Anordnung der Untersagung erhoben. Satz 2 gilt im Fall der Wiederaufnahme entsprechend.

(4) Im Verfahren nach Wiederaufnahme werden die gleichen Gebühren wie für das wiederaufgenommene Verfahren erhoben. Wird jedoch nach Anordnung der Wiederaufnahme des Verfahrens das frühere Urteil aufgehoben, gilt für die Gebührenerhebung jeder Rechtszug des neuen Verfahrens mit dem jeweiligen Rechtszug des früheren Verfahrens zusammen als ein Rechtszug. Gebühren werden auch für Rechtszüge erhoben, die nur im früheren Verfahren stattgefunden haben.

Abschnitt 1
Verfahren vor dem Landgericht
Unterabschnitt 1
Berufsgerichtliches Verfahren erster Instanz
110 Verfahren mit Urteil bei 240,00 EUR

Verhängung einer
Geldbuße ....
....

111 Verfahren mit Urteil bei
Verhängung eines Verbots
nach § 68 Abs. 1 Nr. 2 der
Wirtschaftsprüferordnung
oder eines
Berufsverbots ....
....   360,00 EUR

112 Verfahren mit Urteil bei   480,00 EUR
Ausschließung aus dem
Beruf ....
..

113 Untersagung der
Aufrechterhaltung des
pflichtwidrigen Verhaltens
oder der künftigen
Vornahme einer gleich
gearteten
Pflichtverletzung (§ 68a
Abs. 1 der
Wirtschaftsprüferordnung)
....   60,00 EUR

Unterabschnitt 2
Antrag auf gerichtliche Entscheidung über die Rüge

120 Verfahren über den Antrag
auf gerichtliche
Entscheidung über die
Rüge nach § 63a Abs. 1
der
Wirtschaftsprüferordnung:
Der Antrag wird verworfen
oder zurückgewiesen   160,00 EUR

Unterabschnitt 3
Antrag auf gerichtliche Entscheidung über die Androhung oder die Festsetzung
eines Zwangsgelds

130 Verfahren über den Antrag   160,00 EUR
auf gerichtliche
Entscheidung über die
Androhung oder die
Festsetzung eines
Zwangsgelds nach § 62a
Abs. 3 der

Wirtschaftsprüferordnung:
Der Antrag wird verworfen
oder zurückgewiesen

Abschnitt 2
Verfahren vor dem Oberlandesgericht
Unterabschnitt 1
Berufung

210 Berufungsverfahren mit   1,5
Urteil ....

211 Erledigung des   0,5
Berufungsverfahrens ohne
Urteil ....
.....

Die Gebühr entfällt bei
Zurücknahme der
Berufung vor Ablauf der
Begründungsfrist.

Unterabschnitt 2
Beschwerde

220 Verfahren über
Beschwerden im
berufsgerichtlichen
Verfahren, die nicht nach
anderen Vorschriften
gebührenfrei sind: Die
Beschwerde wird
verworfen oder
zurückgewiesen ....
....   50,00 EUR

Von dem
Berufsangehörigen wird
eine Gebühr nur erhoben,
wenn gegen ihn
rechtskräftig eine
berufsgerichtliche
Maßnahme verhängt oder
eine Untersagung (§ 68a
Abs. 1 der
Wirtschaftsprüferordnung)
angeordnet worden ist.

Abschnitt 3
Verfahren vor dem Bundesgerichtshof

Unterabschnitt 1
Revision

310 Revisionsverfahren mit Urteil oder mit Beschluss nach § 107a Abs. 3 Satz 1 der Wirtschaftsprüferordnung i. V. m. § 349 Abs. 2 oder Abs. 4 StPO   2,0

311 Erledigung des Revisionsverfahrens ohne Urteil und ohne Beschluss nach § 107a Abs. 3 Satz 1 der Wirtschaftsprüferordnung i. V. m. § 349 Abs. 2 oder Abs. 4 StPO   1,0

Die Gebühr entfällt bei Zurücknahme der Revision vor Ablauf der Begründungsfrist.

Unterabschnitt 2
Beschwerde

320 Verfahren über die Beschwerde gegen die Nichtzulassung der Revision: Die Beschwerde wird verworfen oder zurückgewiesen ....
....   1,0

321 Verfahren über sonstige Beschwerden im berufsgerichtlichen Verfahren, die nicht nach anderen Vorschriften gebührenfrei sind: Die Beschwerde wird verworfen oder zurückgewiesen ....
....   50,00 EUR

Von dem Berufsangehörigen wird eine Gebühr nur erhoben, wenn gegen ihn rechtskräftig eine berufsgerichtliche

Maßnahme verhängt oder
eine Untersagung (§ 68a
Abs. 1 der
Wirtschaftsprüferordnung)
angeordnet worden ist.

Abschnitt 4
Rüge wegen Verletzung des Anspruchs auf rechtliches Gehör

400 Verfahren über die Rüge
wegen Verletzung des
Anspruchs auf rechtliches
Gehör: Die Rüge wird in
vollem Umfang verworfen
oder
zurückgewiesen ....
....   50,00 EUR

www.ingramcontent.com/pod-product-compliance
Lightning Source LLC
Chambersburg PA
CBHW072306200526
45168CB00014B/872